县域高质量发展的常山改革创新实践

罗丽君　主　编

方欣泳　林艳琴　副主编

吉林大学出版社

·长　春·

图书在版编目（C I P）数据

县域高质量发展的常山改革创新实践 / 罗丽君主编 .
长春：吉林大学出版社，2024. 12. -- ISBN 978-7
-5768-4477-1

Ⅰ. F127. 554

中国国家版本馆 CIP 数据核字 20250LG141 号

书　　名　县域高质量发展的常山改革创新实践
XIANYU GAOZHILIANG FAZHAN DE CHANGSHAN
GAIGE CHUANGXIN SHIJIAN

作　　者　罗丽君
策划编辑　李承章
责任编辑　白　羽
责任校对　王亭懿
装帧设计　贝壳学术
出版发行　吉林大学出版社
社　　址　长春市人民大街 4059 号
邮政编码　130021
发行电话　0431-89580036/58
网　　址　http：//www. jlup. com. cn
电子邮箱　jldxcbs@sina. com
印　　刷　华睿林（天津）印刷有限公司
开　　本　787mm×1092mm　1/16
印　　张　9. 25
字　　数　140 千字
版　　次　2024 年 12 月　第 1 版
印　　次　2024 年 12 月　第 1 次
书　　号　ISBN 978-7-5768-4477-1
定　　价　68. 00 元

编 委 会

序　言

党的二十大报告指出："高质量发展是全面建设社会主义现代化国家的首要任务。"县域作为连接城市与乡村的关键场域，是推动高质量发展的重要空间载体。进一步全面深化改革、推进中国式现代化，基础在县域，活力在县域，难点也在县域。县域作为我国政权结构中承上启下的关键环节，蕴含着巨大的发展动能和潜力，是发展经济、保障民生、维护稳定、促进国家长治久安的重要基础。在贯彻新发展理念、推动高质量发展进程中，县域既会遇到各种艰难险阻和考验，也会由此产生各具特色的创新实践和探索。在这股改革创新的浪潮中，常山县以其独特的改革创新实践，为同类地区树立了标杆，提供了宝贵的经验与启示。

常山县的发展之路并非一帆风顺，但正是凭借着坚定的改革决心与创新精神，走出了一条符合自身实际、具有鲜明特色的发展道路。从产业转型升级到体制机制创新，从文化提升到共同富裕，常山县的每一步都走得坚实而有力。这本书精选了常山县多个具有代表性的县域改革创新案例，涵盖了县域经济、生态、文化、治理、民生发展等多个领域，充分展现了县域治理现代化的多样性和丰富性。通过对这些案例的深入研究，剖析常山县在县域高质量发展道路上的探索与实践，全面展现其改革创新的理念、路径与成效，这不仅是对常山县发展历程的一次系统梳理，更是对全省山区海岛县、中西部地区县域高质量发展模式的一次深度探索。

中共常山县委党校在教材编写过程中注重理论与实践的结合，既对县域高质量发展的理论框架进行了梳理和阐述，又通过具体案例的分析，将理论应用于实践之中，既具有学术价值，又具有较强的实践指导意义。它不仅能够帮助读者深入了解县域治理现代化的最新进展和创新实践，还能够激发对于县域治理体系与治理能力现代化的深入思考和探索，相信这本教材的出版将为读者提供宝贵的学习资源和参考依据。

前　言

在全面建设社会主义现代化国家的新征程中，县域作为国民经济的基本单元，其高质量发展对于推动区域协调发展、实现共同富裕具有重大意义。常山县作为浙江省的一个山区县，在高质量发展的道路上不断探索与实践，走出了一条具有常山特色的改革创新之路。

县域高质量发展不是空中楼阁，而是需要脚踏实地的努力和持续不断的创新。面对新时代的新要求，常山县深刻认识到，唯有通过不断的改革创新，才能破解发展难题，激发内生动力，实现跨越式发展。因此，在推进高质量发展的过程中，常山县始终坚持以人民为中心的发展思想，深入贯彻新发展理念，积极融入新发展格局，通过一系列行之有效的改革创新举措，不断激发县域经济社会发展的内生动力。近年来，常山县在经济、生态、文化、治理、民生发展等多个领域取得了显著成效。在经济方面，依托丰富的自然资源，大力发展特色农业，推动农业全产业链融合发展，实现了农业增效、农民增收。在生态方面，通过深化“千万工程”、推进“两山”转化等举措，成功将生态优势转化为发展优势，让绿色生态成为县域高质量发展的依托。同时，常山县还通过实施一系列民生工程，不断提升人民群众的获得感、幸福感、安全感，为推动县域高质量发展奠定了坚实基础。

“一只胡柚带富一方百姓”“一名学子见证教育均衡发展”“一首宋诗赓续千年文脉”“一场改革破局两山转化”“一声问候感召头雁队伍”……这些生动鲜活的实践案例，向读者呈现了常山县全面深化改革、谱写中国式现代化的生动实践。本书旨在全面展示常山县在推动县域高质量发展过程中的改革创新实践成果和经验做法，以期给全省山区海岛县、给中西部地区的广大农村提供一条可复制、可借鉴的新路子，为改革为民、发展惠民，推动县域高质量发展提供常山示范。我们期待通过这本书的出版，能够进一步激发广大干部群众的改革创新热情和实践探索精神，共同开创县域高质量发展的新篇章。

罗丽君

2024 年 11 月

目 录

一句口号引领县域发展

一、案例概述

党的二十届三中全会指出："在发展中保障和改善民生是中国式现代化的重大任务。"要加强普惠性、基础性、兜底性民生建设，解决好人民最关心、最直接、最现实的利益问题，不断满足人民对美好生活的向往。县域作为民生建设和城乡发展的重要切入点，上承城市，下启村镇，是实现人民美好生活和推进城乡协调发展的关键所在。县域品牌是对一个地域及其特色的文化提炼和再现，它有助于提升县级城市形象、加强县域自我定位和身份认同、推动县域经济和文化跨越式发展。常山县是浙江省山区县之一，近年来立足浙西门户区位，发挥独特资源优势，推出"一切为了U"城市品牌，以引领、带动、支撑县域民生建设和城乡协调发展，并在共同富裕和现代化建设进程中走出了一条山区县高质量发展的路子。

二、案例缘起

（一）环境基因

"一切为了U"城市品牌形象，是由常山的优越区位、良好生态、悠久历史、独特资源等环境基因孕育发展起来的。首先，常山县是浙西门户，钱江源头。地处浙闽赣皖四省九地市中心地带，境内有G60高速、320国道等十大通道，周边有武夷山、三清山、黄山等九大景点，是浙江西大门。位于钱塘江源头区域，县域生态环境优良，森林覆盖率达71.87%，被评为中国天然氧吧、全球绿色城市、国家重点生态功能区。其次，常山县也是千年古县，宋诗之河的发源地。东汉建安二十三年（公元218年）建县，始称定阳，迄今已有1806年。宋代是常山历史上最辉煌的文化高峰期，陆游、杨万里、辛弃疾等诗人沿江赋诗吟咏，留下宋诗4200余首，其中最脍炙人口的是曾几的《三衢道中》，是小学课本里面必读的80首之一，描写的就是常山。再次，常山县是胡柚之乡，赏石之都。胡柚是常山独有的珍奇水果，距今有600多年的栽种历史，“庆余常山胡柚膏”“双柚汁”等产品风靡市场。地质形成达4.6亿年之久，有中国第一枚“金钉子”剖面和中国观赏石博览馆，“赏石小镇”为全省首批创建特色小镇，是中国观赏石之乡。同时，常山还是中国油茶之乡、中国食用菌之乡、中国鲜辣美食之乡。最后，常山县是康养胜地，是中国气候宜居城市，拥有金源村现代旅游根据地等康养景区，“常山漫居”民宿品牌全面打响。常山也是“浙江省武术之乡”，猷辂拳、洪家拳、八卦掌、青龙穿山棍、武当太乙拳等武术历史悠久，有广泛群众基础。

（二）战略定位

“一切为了U”城市品牌形象，符合“浙西第一门户”战略定位，是常山“十四五”时期发展的目标方向，也彰显了新时代常山人民奋勇争先的排头兵精神。从战略高度看，以习近平同志为核心的党中央赋予浙江高质量发展建设共同富裕示范区的光荣使命，省委全力推动山区23县跨越式高质量发展，常山县迎来了历史上前所未有的发展机遇。为此，常山县对标中央要求、省委部署、群众期盼，深入实施“八八战略”，奋力推进“八大行动”，聚焦争先跨越、特色示范、开放包容、幸福宜居、文明有礼五大门户打造，在争先跨越上提升“首位度”、在特色示范上提升“辨识度”、在开放包容上提升“融合度”、在幸福宜居上提升“感受度”、在文明有礼上提升“美誉度”，真抓实干、久久为功，在勇当先行者谱写新篇章、加快建设具有强大吸引力、辐射力、带动力、引领力的四省边际中心城市中展现浙西门户新担当。从历史深度看，常山县在华夏东南大地有着非常重要的地域优势，是钱塘江水路、信江水路交替县域，建县伊始自然形成周边的经济政治中心，宋朝以来就享誉“八省通衢”“两浙首站”，浙西门户可谓实至名归。随着常山江航运开发在即，未来浙赣运河连通江西信江，融入长江水域，必将进一步巩固常山的门户地位。从现实维度看，近年来，常山县大力实施工业提振、城市赋能、“两山”转化、文旅拓展等“八大行动”，主导产业优化升级、城市更新蝶变重生、宋韵文化大放异彩、社会治理提质增效……一系列发展成效，有力提升了城市软实力和竞争力，增强了城市美誉度和知名度，为打造“浙西第一门户”夯实了底气和后劲。从需求角度看，打造城市品牌是挖掘城市资源、塑造城市个性、培育城市文化、彰显城市魅力的过程，为的是让城市更有家的感觉，这既是发展之需，也是民心所向。“浙西第一门户”是常山县的目标定位，也为打响城市品牌注入了动力与活力，可以切实增强人民群众对城市的归属感、荣誉感、自豪感。

三、做法成效

“一切为了 U”的理念与共同富裕的和目标不谋而合，常山坚持系统思维、创新打法，实施工业提振、城市赋能、“两山”转化等八大行动，在共富赶考路上走出了自己的风采。

（一）定义县域品牌内涵

1. “一切为了 U”城市品牌内涵

“一切为了 U”理念的提出并非突发奇想，它与常山县的良好生态、悠久历史、独特资源等环境基因深度契合，彰显着县城的包容气度、奋斗气质、时尚气息，具有多重含义。

首先，英文字母“U”的读音是胡柚、香柚、茶油和旅游四个名词的第二个字的谐音。胡柚、香柚、茶油是常山县的名产，旅游在常山有着独特的资源优势和市场前景。“U”与英文单词“YOU”（中文“你”/“你们”）同音。也即，“U”中蕴含着中文的“你”“你们”，首先意指常山人民，自然也包括来常山县的创业者、投资者、旅游者、考察者……可见，这个“U”蕴含着浓浓的常山味。

围绕“U”的常山味，“一切为了 U”的理念核心可以从以下几个层面解读：第一层意思是一切为了你，一切为了人民；第二层意思是一切为了常山的胡柚、香柚、茶柚和旅游等代表产业的发展；第三层意思是一切为了“有没有”，要求每位干部、每个单位都要争先创优，走在前列；最后，这也是一个微笑曲线，寓意为每个老百姓的微笑而努力。常山县作为浙江的西大门，是一条连接线，小县城要连接世界，因此，“一切为了 U”结合了中英文，展现出国际化管理的理念。

“一切为了 U”由常山县委、县政府提出。实施这一理念的主体正是县委、县政府，以及全县 34.2 万人民。这一理念表达了常山县委、县政府带领全县人民全心全意推进发展常山、建设常山、造福常山的坚定决心和实际行动。

“一切为了 U”既是常山县的战略思路，也是常山县的城市品牌与核心理念。它与常山的区位、生态、历史、资源禀赋相吻合，更蕴藏着“崇贤有礼、开放自信、创新争先”的新时代衢州人文精神。

如今，“一切为了 U”已经成为朗朗上口的广告词和宣传语，深入人心，既亲切又熟悉。更可喜的是，它已内化为全县上下的自觉行动，成为推动常山经济社会发展的内在要求和动力。近年来，围绕“U”字，常山县开展了一系列活动。在具体的改革创新实践中，常山县委领导通过“十个一”的行动，串联起一条高质量发展的共同富裕之路。

2. 城市品牌 LOGO 内涵

常山城市品牌 LOGO 主体图形围绕“一切为了 U”进行创意设计。如今，这一理念已做成了标识。图形的核心是拙朴灵动的手写体“一切为了U”，其充满节奏律动、高低错落的排列，犹如欢快跳动的音符，寓意奏响“一切为了人民”的宏伟乐章。字体笔画充满石刻的韵味，凸显“石城常山”的特色，刚劲有力的字体也体现了常山践行“八八战略”、打造“重要窗口”的坚定信心和意志。

蓝色与黄色搭配绿色，给人自然、和谐、温暖、有力的感受。绿色代表蓝天碧水，呼应常山绿水青山的生态旅游优势；蓝色代表常山人民开拓创新，追求共同富裕的蓝色梦想；黄色则代表胡柚、茶油，寓意常山果实累累的丰收景象，为建设共同富裕示范区插上腾飞的翅膀。标识的整体图形不拘一格，与传统城市品牌形象相比，差异化明显，辨识度高，让人过目不忘，便于传播和宣传推广。

3. “浙西第一门户”目标内涵

打造“浙西第一门户”是常山县“十四五”时期发展的目标方向，也彰显了新时代常山县人民群众奋勇争先的排头兵精神。为此，城市品牌LOGO的设计将“浙西第一门户”融入其中。把常山县打造为“浙西第一门户”，有其特殊的历史背景、现实基础和未来前景。

一是从历史背景看，常山县在华夏东南大地占据了极为重要的地理优势，其地位自古以来在浙江省尤为突出。常山县建县于公元218年，是钱塘江南源头之首邑，区位优势显著，建县后自然就成了周边的经济政治中心。后唐朝玉山建县的行政区划调整，更加确立了常山县作为浙西门户的历史史实。一县带两江是第一门户的决定性因素。常山县地处钱塘江水路和信江水路的交汇处，其航道的功能极为重要。自建县初期的江东要道，到宋朝年间的“八省通衢”和“两浙首站”，常山县被确立为浙西第一门户的官方定位。二是从现实基础看，常山县地处浙闽赣皖四省九地市中心地带，是中西部通往长三角地区的“桥头堡”，也是浙皖闽赣国家生态旅游协作区的核心区，距黄山、三清山、千岛湖等著名旅游景区仅一个半小时车程，高速、高铁、机场等交通网络贯通，地理区位独特，文旅资源丰富，发展潜力巨大。在县委、县政府的带领下，全县干部群众的共同努力下，交出了“两战两赢”的高分答卷，拉开了城市更新的精彩序幕，走出了“两山”转化的发展新路，绘就了美丽乡村的动人图景……这一系列发展成效，为“浙西第一门户”的打造奠定了现实基础。三是从未来前景看，站在大变局的时代关口，常山县经济社会发展面临前所未有的新机遇。首先，新一轮技术变革带来产业重构机遇。在数字化改革大势下，各级各部门对数字化改革的理解不断加深、目标逐步清晰、工作渐入佳境、成效日益明显，常山必能在这次竞速中，争得先机。其次，区域一体化带来协同发展机遇。长三角一体化发展上升为国家战略，浙赣边际合作（衢饶）示范区被纳入5个省际毗邻区，都为常山的发展带来了全新的发展机遇。再次，生态文明建设带来绿色发展机遇。全省首个实体运行的“两山银行”将大量生态资源转化为生态资本和绿色财富，绿色跨越式发展正酝酿质变。最后，奋勇争先的氛围带来全新发展机遇。旧城改造拆出的巨量城市发展空间，“大综合执法一体化改革”带来的稳定环境，以及未来乡村、未来社区试点的积极探索，让“浙西第一门户”的发展未来可期。

（二）以县域品牌支撑地方高质量发展

1. 一切为了常山人民

习近平总书记在党的二十大报告中指出：“治国有常，利民为本。为民造福是立党为公、执政为民的本质要求。”在共同富裕赶考路上，常山县始终坚持人民至上，聚焦物质富裕和精神富有两方面，尊重人民主体地位和首创精神，以“扩中提低”改革为抓手，全面拓宽居民增收渠道，加大普惠性人力资本投入，加强困难群体帮扶，推进公共服务优质共享，切实做到“一切为了人民，为了人民的一切”，不断提升人民群众的幸福感和满意度。常山县始终把解决市场主体和群众的急难愁盼作为工作重心，聚焦全县生态资源高效转化，通过全方位优化营商环境，降低要素成本，不断拓展“两山”转化通道，释放生态资源红利，为当地群众增收致富提供有力支撑。2023年，全县民生支出达到46.9亿元，总额再创历史新高。省市县三级民生实事全面完成，满意度测评创下历年最佳成绩。同时，常山县在全市率先出台“优化生育政策20条”，荣获全国生育友好工作先进单位，中高考成绩六年连升，中医医院、妇保院创成二甲医院。如今“优学常山”“健康常山”等品牌不断打响，老百姓脸上的“微笑曲线”成为常山最美“表情包”。2024年上半年，全县居民人均可支配收入21 793元，同比增长3.9%。全县一般公共预算收入13.1亿元，同比增长11.8%。一般公共预算支出42.2亿元，增长26.8%，其中民生支出30.0亿元，增长28.6%。

2. “两柚一茶”：U产业，U未来

习近平总书记强调：“我们要建设的农业强国、实现的农业现代化，既有国外一般现代化农业强国的共同特征，更有基于自己国情的中国特色。”[①]常山是中国常山胡柚之乡、中国油茶之乡。胡柚、香柚、油茶种植面积及产

---

① 习近平．加快建设农业强国　推进农业农村现代化城市［J］．求是，2023（06）．

量均居全省首位，市委全会、县委全会先后将常山县“两柚一茶”产业发展写入全会报告，常山县更是出台《常山县“两柚一茶”产业高质量发展（2021—2025年）行动方案》，为“两柚一茶”产业发展谋篇布局，常山人民的致富产业初现峥嵘。

常山胡柚作为“常山三宝”之一，是常山特有的地方柑橘品种，也是我国珍贵的柑橘种质资源，距今有600多年的栽种历史。胡柚是常山的土特产，20世纪80年代开始广泛种植。改革开放以来，常山县“14任县委书记齐抓一只果”，努力让这一国家地理标志产品成为农民的“金柚子”。在常山县，一只胡柚能被“吃干榨尽”：开发果脯、胡柚膏、双柚汁、NFC鲜榨汁、精柚面膜、香氛等“饮、食、健、美、药、香、料、茶”八大类U系列共80多款产品，胡柚果品深加工占比超过40%。从单品破圈，到品牌赋能——以胡柚为鲜明标识，常山县打造了“一份常礼”U系列农特产品区域公用品牌，打响了“一切为了U”城市品牌，由此带动了胡柚、猴头菇、山茶油等诸多农产品走向全国市场。推动规模化种植，改良胡柚品种，引入现代工艺创新产品门类，培育龙头企业示范带动，擦亮公用品牌。目前，常山县胡柚种植面积超过10.6万亩，胡柚总产量达到14万吨；2023年，常山县以胡柚为核心的“双柚”产业全产业链总产值突破45亿元，带动常山全县柚农增收12亿元。常山胡柚公用品牌价值达12.25亿元，国家级地理标志农产品品牌价值103.97亿元。

油茶素有“东方橄榄油”之美称，其主要成分为油酸（含量高达75%左右），经常食用能有效改善血清中的胆固醇含量，是高血压、心血管病、脂肪肝患者的理想食用油。采用茶油作为原料的化妆品还具有润肤护发的功效。常山县作为“中国茶油之乡”，茶油生产已有两千多年历史。近年来，县委县政府积极响应农业供给侧结构性改革，立足油茶资源禀赋，搭建发展平台，创新融合机制，成功打开了“两山”转化通道，实现生态美和百姓富的融合共生，油茶精深加工能力和产业发展水平走在全国前列。油茶产业更是与双柚产业相结合，形成了极具常山县特色的“两柚一茶”产业。全国油茶交易中心、国家油茶公园落户常山县，东海常山木本油料运营中心油茶籽油也已挂牌交易，常山县油茶产区成功入选中国特色农产品优势区，并获评国家级林业产业示范园区。

3. 旅游：千里钱塘江，最美在常山

常山县位于浙皖闽赣国家生态旅游协作区的核心区，是全国最美乡村旅游目的地、省级新时代美丽乡村示范县，有着“千里钱塘江，最美在常山”的美誉。近年来，我们大力培育“画里乡村、研学走廊、康养胜地”文旅品牌，境内拥有三衢石林、梅树底两个国家4A级旅游景区，以及国家油茶公园、西源革命纪念馆、黄冈圣境等诸多旅游景点，大力弘扬喝彩歌谣、木榨油等非物质文化遗产，全力创建省级全域旅游示范区。

一是奏响合力创建“进行曲”。常山县将全域旅游规划与国土、城镇、生态、交通等项目融合，对标钱塘江诗路黄金旅游带及“衢州有礼”诗画风光带建设，制定出台《关于支持服务业高质量发展的若干意见》《常山县关于加快推进文化旅游产业发展政策意见（试行）》等政策。聚焦“交通堵”“如厕难”“食宿难”等痛点问题，开通城市观光巴士和旅游专线，做到旅游线路与交通网络相互贯通。新建、改建了一批公厕，国家A级旅游厕所标准全域覆盖。完成了城市名片、景区名片、酒店民宿、农家餐饮等数据采集与诚信评价，编印了“醉美常山”自助旅游手册。在游客集中场所投放导览服务触摸屏，进一步完善旅游咨询服务功能。二是绘就全域旅游“新图景”。高位推进文化旅游博览中心、公铁衔接综合客运枢纽两大综合项目建设，启动三衢石林创建5A级景区提升工程，并结合旧城改造开发北门历史街区“宋诗城”，推动柚香谷产业园、金色同弓田园综合体、远山云间旅游度假区等省重大产业示范项目落地建设。立足乡村资源禀赋，鼓励有条件的乡镇、村以“村集体＋”“公司＋”等模式培育业态发展旅游业、打造旅游等级名片。如同弓乡同心村以基地式、观光化布局“农创”业态等核心景区。以“整村推进”为重点，借力“微改造、精提升”行动，感召乡贤在地投资。如东案乡金源村依托古村落深厚底蕴，整合村落闲置资产，引进乡贤组建公司，主推“腾云·旅游根据地”品牌，创新“品牌引领、联村联户、整村打造、管家服务、公司运营”模式，成功打造“一个乡村就是一座酒店”生态文旅应用场景。三是提升业态融合“供给力”。常山县大力发展“两柚一茶”特色基地，构建“一份常礼”旅游商品产销体系。深度挖掘“宋诗之河”文化品牌，开展宋诗文化基因解码工程，打造“宋诗之河”文化景观带。以胡柚为原型创设动漫卡通，打响“胡柚娃”文化品牌。充分挖掘“古街、古村”地域特色文化，弘扬“喝彩、竹马舞、蛋雕”非物质文化遗产，培育文化演艺产品。出台《加快推进“鲜辣常山”美食品牌实施方案》，打造“中国好味·鲜辣常山”美食品牌，创成“中国鲜辣美食之乡”。四是擦亮文旅主题“金名片”。常山县出台民宿扶持政策，制定民宿产品体系地方标准，举办民宿伴手礼大赛、最美民宿主人宣传等系列活动，与人民网、携程等旅游网站合作，邀请飞客团队开展民宿宣传片拍摄制作，推广和推介“常山漫居”旅游产品。以青山绿道、湿地滩地为背景和生态本底，打造“户外运动大本营、休闲度假目的地”，举办中国山地自行车公开赛总决赛、龙舟赛、浙江省青少年皮划艇赛艇锦标赛，以赛事带人气促旅游。依托浙西红色文化资源，推出参观革命馆、听红军故事、走长征路、唱红色歌谣、向烈士献花、吃红军饭、看革命电影、读红色书籍县域红色游“八大动作”。常山西源革命纪念馆被命名为省级国防教育基地。自 2021 年发布“一切为了 U”城市品牌，常山将胡柚元素融入城市空间，胡柚大道、胡柚广场、胡柚口袋公园等标志性建筑陆续建成；香柚湾、漫柚溪谷等农文旅项目加快建设；卡通动画电影《胡柚娃》亮相戛纳电视节；“赏花问柚”“UU 音乐节”等主题活动现场人流如织，年吸引游客超 300 万人次，实现文旅营收 9 亿元以上。

4. 内外衔接：多项并进，携手图强

习近平总书记指出：“以开放促改革、促发展，是我国发展不断取得新成就的重要法宝。”① 高水平开放是激发潜能、点石成金的重要途径。要以大开放促进大发展，加快打造全域开放的循环体系和发展格局，实现由贸行天下向产行天下、智行天下跃迁，全力打开竞合共赢新空间。一是抓好国际国内“两个市场”，推动外贸拓规模、外资扩增量、外经提服务，用好衢饶示范区、山海协作等区域合作平台，不断提高融入全国乃至全球供应链协同和资源配置的能力。二是用好县内县外“两种资源”，坚持“引进来”“走出去”两手抓，做好招大引强、招才引智、亲商留资文章，鼓励和引导企业积

① 穆虹．深入学习领会习近平总书记关于全面深化改革的重要论述［J］．求是，2024（10）．

极参与国际国内分工合作，构建“走出去”“引进来”双向互促的开放新格局。三是统筹常山经济和常山人经济“两种经济”，挖掘用好常山籍专家院士和知名人物、常山优秀毕业生、省内外经济发达地区的常山籍乡贤群体，切实发挥“常山人”优势，为常山发展添砖加瓦。四是强化交通物流和营商环境“两大支撑”，一方面建设内畅外联的交通大枢纽，带动人流、物流、资金流和信息流在常山加速集聚，另一方面打造亲清有为的政务生态环境，为企业和项目提供快速、精准、暖心的服务。2024 年上半年，全县固定资产投资达到 51.9 亿元，同比增长 10.9%。其中，交通、能源、水利、生态投资增长 16.2%，制造业投资增长 34.1%，基础设施投资增长 15.7%。全县商品房销售面积 6.5 万平方米，同比增长 24.7%。房地产开发投资 12.8 亿元，增长 20.9%。

四、经验启示

城市品牌是一座城市的专属名片，凝结着城市精神、文化、经济等个性资源，成为提升城市核心竞争力的助推器。从常山县的实践和变化中，可以感受到“一切为了 U”城市品牌理念已经深深镌刻在常山大地上，其背后所蕴藏的抓手、打法、作风等，彰显了无穷力量，为其他地区城市品牌塑造及高质量发展提供了有益借鉴。

组织的力量：党建统领是重要法宝。坚持党的领导，可以凝聚强大的干事创业力量。在常山县，从县委书记到乡镇党委书记再到村支部书记，每一个带头人都充满干劲，他们发动群众、组织群众、依靠群众，全县上下一心、团结奋进，投身于共同富裕伟大实践，努力实现县域经济的整体跃升。

创新的力量：系统集成是妙计高招。系统思维、创新打法，是做好各项工作的方法指引。常山无论是“两山合作社”改革，“两柚一茶”产业，“大综合一体化”改革，都不是零敲碎打，都是体系化地推进，并在深入探索中持续迭代创新，这是新时期“敢为人先”精神的生动展现。

品牌的力量：练好内功是关键措施。品牌是变量，也是流量。品牌不是喊出来的，要有强大的内在做支撑。常山县的“早上好”“一份常礼”“鲜辣常山”“宋诗之河”等品牌，无一不是先练好内功、做强自己，再推向市场、扩大影响，不断地升华品牌内涵、释放品牌价值，从而赢得了各方赞誉。

连接的力量：双向发力是制胜王道。“引进来”“走出去”是激发潜能、点石成金的过程。常山县坚定不移牢固树立“守在家里都是问题，走出去全是机遇”的意识，坚决摒弃“不想走、不愿走、不敢走”的思维，在走出去、引进来上精准发力，在招引项目、服务企业上主动作为，对外积极引导企业拥抱更加广阔的市场红利，对内建强平台、优化政策、鼓励“抱团发展”，对企强化专班服务、加强要素保障，切实做到“既要关心企业走得远不远，更要关心企业走得累不累”，努力当好企业外拓市场的“领路人”、服务保障企业的“娘家人”，加快打造全域开放的循环体系和发展格局，全力打开合作共赢新空间。

五、未来展望

高质量发展建设共同富裕示范区，重点、难点、关键点是山区县。常山县作为浙江省 23 个山区县之一，今后，将继续深入贯彻落实党的二十届三中全会精神和省市相关决策部署，秉持“一切为了 U”城市品牌核心理念，着力深耕品牌、深度融合、深化开放，用“十个一”串起一条高质量发展的共同富裕之路，不久的将来，一定能以点带面、催生蝶变，成为全省山区县高质量发展的新样本、新标杆。

一是明确定位，深耕特色城市品牌。品牌定位是城市品牌塑造的核心。要依据现实条件，在大众心中确立明确的个性和特点，使其与其他县域形象区别开来，以此推动大众形成品牌联想和实际行动。要推动常山县品牌经济持续发展，一是坚持全县“一盘棋”。把品牌、口号、资源统起来，把县本级和各单位统起来，一体设计、一体策划，捏指成拳、形成合力，扩大“一切为了 U”城市品牌的知名度和影响力。比如，各单位可以和“一切为了U”结合在一起，形成政协的“U 协商”，人大的“U 监督”等等，还可以延伸到乡镇品牌、村居品牌、行业品牌，围绕“一切为了 U”，构建一个成系统的、有层次感的品牌体系。二是利用融媒体优势扩展宣传广度。从线下的电视、报纸、广播、杂志等传统媒体，到线上的直播、短视频等自媒体平台，可以搭载美食节、文艺演出、品牌推介会、产品展销会，充分发挥融媒体的时代优势，不断制造一些“沸点”“燃点”“兴奋点”“引爆点”，向公众全方位、多角度、深层次地展示“一切为了U”城市品牌形象。三是激发情感共鸣拓宽宣传深度。利用各类赛事、各项事件、各位名人开展事件营销，开启深度互动体验，举办一系列论坛、体育文化赛事等主场活动，把“一切为了U”元素融入其中，激发受众情感共鸣，促使城市品牌永葆青春底色。

二是聚集合力，深度带动业态融合。当前，常山县“双柚一茶”特色产业在种植业、精深加工业与旅游业之间已经形成融合发展的良好基础，但产业融合仍处于政府主导的初级阶段。应注重发挥企业推进产业融合的主体地位，加快构建更具包容性的产业生态体系，促进产业链、创新链、资金链、人才链集聚裂变。首先是第二、第三产业融合。依托龙头企业，支持企业通过多种方式实现对资源要素、技术研发和市场开发的有效整合，带动配套、服务企业协同发展。要发挥龙头企业行业示范作用，引导业内企业学习借鉴，实现全产业链高端跃升。其次是教科人融合。党的二十大报告首次将教育、科技、人才进行三位一体统筹安排，一体部署。对于常山而言，就是要着力教育留人、产业引人、制度激励，促进本土专业人才引育，加快构建自主创新为主的创新生态。最后是城乡融合。扎实推进以县城为载体的城镇化，持续引导人口集中、生产及服务功能集成、要素集约，协同推进全域土地整治，还原乡村高水平生态环境，促进乡村地区以农业、文旅和创意产业为特色的高质量生态发展，形成城乡发展面貌高度差异化下的城乡发展水平均衡化。

三是统筹规划，深化开发发展环境。积极应对经济全球化趋势，牢牢把握我国超大规模市场优势和内需潜力，实行更加积极主动的开放姿态，千方百计在更大范围、更高层次、更宽领域进行资源整合，推动常山的优质资源更高效地转化。首先是从输出产品向输出文化转变。文化比物质更具传播力、渗透性。当前，不管是“双柚一茶”，还是常山旅游，都是以输出常山生态产品为主。今后要把握数字时代背景下，通过挖掘产品的文化内涵，丰富文化场景，提升文化价值，发挥好地域文化、企业文化对提升产品知名度和竞争力的乘数效应，形成文化和产品双向奔赴的格局。比如学习优衣库与著名设计师合作设计联名款的模式，引入专业团队打造具有常山人文特质的特产、创意产品，通过直播平台、快销平台等推广模式不断吸引和扩大客户流量。其次是从硬件设施互联互通向宜商环境全面接轨转变。把握杭衢铁路建成对于提升常山区域交通地位契机，向东融入杭衢同城化，向西参与江西、湖北一体化。发挥常山地处浙西第一门户、浙江对内开放主要门户、中西部通往长三角地区首站的重要地位，强化长三角、泛珠三角和海西三大经济区要素流动和资源融通，加快构筑信息网、资金网、供销网、商会网和乡情网。对标世界银行宜商环境体系，深化土地、金融、用能、排放等资源要素配置改革，营造全国一流营商环境和接轨世界的投资环境。最后是从“走出去”向“引进来”“走出去”双驱动转变。过去，企业家“走出去”发展主要是受制于一县、一地的物质要素制约，而当前和今后则更多是出于产业供应链安全、降低成本等的多重考虑。在全球产业链重塑的大背景下，常山县要继续充分发挥比较优势，争取机会向高端产业和产业链高附加值环节升级。一方面，发挥生态、农业、土地优质资源禀赋，以及劳动力成本优势，吸引外来投资，拓展新产业新技术新模式，促进本地产业结构提升；另一方面，正视和包容常山本地企业对外拓展行为，支持企业在更大范围更高层次整合资源、优化布局，反哺常山发展。

一只胡柚带富一方百姓

一、案例概述

胡柚是常山最具辨识度的“土特产”，它是常山独特的自然地理资源孕育出来的独一无二的“共富果”。从不温不火的山间野果到风靡一时的共富金果，常山胡柚一跃成为远近闻名的“网红”。宋柚（双柚）汁火爆全网，胡庆余堂和江中牌的胡柚糖、胡柚膏成为家中常备的止咳化痰首选。胡柚面膜、胡柚手霜则成为年轻人精致生活的时尚单品。胡柚的爆红既离不开县委书记一任接着一任干的赓续传承，也离不开县委县政府对胡柚产业的深耕。胡柚的产业化、标准化、品牌化、规模化发展，是县委县政府在深化供给侧结构性改革、促进产业高质量发展的实践中探索出来的宝贵经验。可以说，常山胡柚产业的发展生动地诠释了地方“土特产”如何从“有”到“多”的点“柚”成“金”。其“蝶变”式的发展是县委县政府敢为人先立潮头的“勇为”，亦是干在实处立新功的“有为”。

二、案例缘起

（一）案例背景

农业是一国发展之根基，是一国壮大之根本，亦是一国生存之红线。习近平总书记也多次强调过农业的重要性。而农业之蓬勃既离不开对农产品的深加工亦离不开对农产品的全链条发展。2024 年的中央一号文件亦明确提出："鼓励各地因地制宜大力发展特色产业，支持打造乡土特色品牌。"可见，产业兴旺是乡村振兴的基础，振兴县域特色产业是促进县域经济高质量发展的关键抓手，是实现产业高质高效、乡村宜居宜业、农民富裕富足的重中之重。

胡柚是常山的乡土特色产业，种植起源于20世纪80年代，初期以种植销售鲜果为主，产品价格低，产业附加值不高。20世纪90年代中期起，胡柚深加工逐步迈上历史舞台，先后有常山微生物厂、翠宝、绿神等数家企业生产胡柚砂囊罐头、胡柚蜜饯、胡柚果茶、粒粒柚汁和胡柚果汁饮料等。21世纪第一个十年，创新成为胡柚产业发展的"关键词"，胡柚品质全面改良，龙头企业运用市场化手段进行集约化生产，建立万亩胡柚出口基地，胡柚产业的综合竞争力逐步提高。第二个十年，胡柚已经不仅仅是一种水果。常山在药用功能性开发利用、精深加工、品牌文化建设上争取新的突破，走特色化、精品化、产业化的胡柚产业转型提升之路。截至2024年12月，胡柚产业总产值达64.2亿元。胡柚产业的发展壮大是农民增收致富、乡村兴旺发达的重要法宝。多年来，常山县把胡柚作为"一村一品""一县一业"的支柱产业培育，"十四任书记抓一果"，坚持实施胡柚名牌战略，借助品牌引领，带动产业转型升级，现已形成高品质、深加工、强品牌为特征的胡柚产业。

（二）基本情况

1. 产业发展现状

2023年，常山县胡柚种植总面积12万亩（胡柚10.6万亩），总产量14.5万吨（胡柚14.2万吨），年产衢枳壳原药材6 000多吨。胡柚产业总产值突破46亿元，带动全县10万从业人员增收12亿元以上。规模化种植经营情况。全县胡柚规模以上种植基地91个，面积1.96万亩，产量1.93万吨，占全县总面积27.4%。在设施建设方面，规模化种植基地拥有割草机、旋耕机、大型电动喷药机等农用机械379台，占全县"一只果"农机使用量24.23%。在灌溉设施方面，常山拥有较为完善灌溉设施的橘园面积约1.08万亩，占规模化基地面积55.96%，胡柚总面积的15%。在数字化设施应用方面，胡柚种植数字化应用面积达3 580亩，占胡柚总面积的5%。目前常山胡柚建设标准化仓储面积10.91万平方米，可储存4.364吨，占产量的42.2%；冷库面积18.2万立方米，按每立方可储存0.4吨胡柚量计算，可储存7.2万吨，占胡柚产量的68.1%；拥有现代化无损伤糖度分级选果线3条，普通选果线102条。

常山县拥有胡柚专业合作社与家庭农场200余家，县级以上农业龙头企业64家，规上企业6家，深加工企业21家。建有国家标准果园2个，国家胡柚强镇1个、省级胡柚科技示范园1个，柚香谷省级农村三产融合示范园1个，“两柚一茶”优势特色产业现代化示范区列入国家农业现代化示范区创建；香柚产品基地被列入第一批“国家现代农业全产业链标准化示范基地”。围绕“饮、食、健、美、药、香、料、茶”八大类系列产品定位，先后开发了胡柚膏、NFC胡柚汁、宋柚汁、胡柚青果茶、衢枳壳冻干片、精油面膜等近百款精深加工产品，深加工率达到45%以上，加工产值达到36亿元。

近年来，胡柚产业发展经验荣获省市等主要领导多次批示肯定，其中《深化胡柚全产业链增值化改革推动“一只果”产业高质量发展》获得浙江省营商环境优化提升第三批“最佳实践案例”，《常山多措推动“常山胡柚”地理标志富农集成改革》被评为浙江省第一批地理标志富农优秀实践案例。荣获国家省市各项荣誉29项，其中国家级12项，省级9项。成功举办全省山区海岛县“一县一链”现场推进会、首届中国乡村振兴品牌大会、胡柚牵手亚运会、UU音乐节等重大系列活动。

2. 龙头企业情况

目前常山县拥有县级以上胡柚农业龙头企业65家，其中国家级2家（浙江天子股份有限公司、浙江艾佳果蔬开发有限公司）、省级1家（常山天道重要饮片有限公司）、市级11家。各企业主已开发8大类68款产品，如胡柚精油面膜、果茶、果脯等系列产品等，加工环节消耗鲜果量占总产量的30%。其中，浙江天子股份有限公司是可口可乐公司美汁源果粒橙的重要供应商；艾佳果蔬主要生产NFC鲜榨胡柚汁，是2023届亚运会指定供应产品；柚香谷公司“双柚汁”成为网红爆款。同时常山县深化与华润江中、胡庆余堂战略合作，开发“常山胡柚膏”等系列产品。

浙江天子股份有限公司成立于1998年，一直致力于全程冷链生产、加工与销售各类胡柚鲜果、果汁、果肉等纯天然食品以及生物科技产业，创新第一、第二、第三产业深度融合的经济模式，是国家农业产业化重点龙头企业、国家高新技术企业、国家农产品加工示范企业、浙江省重点流通企业、浙江省农产品供应链试点企业。公司产业园区占地约30万平方米，规划建设冷链设施27万立方米，年吞吐量达25万吨以上，年营业收入约6亿元，其中冷链产品营业收入约5.3亿元。公司主营鲜水果产品线，延伸至全品类鲜水果，加工各种胡柚果粒、果酱、果浆等，用于茶饮连锁企业；将剩余果皮用来生产制作各种干果，应用于烘焙类等企业。目前，公司已形成专业的柑橘果汁囊胞全程冷链生产流水线，果汁囊胞年产量5万吨，成为可口可乐“美汁源”系列产品的最核心供应商。

浙江艾佳果蔬开发有限责任公司成立于1999年，公司注册地在常山县，因常山胡柚走出去，又因常山胡柚走回来，是一家大型的一二三产融合的生鲜果蔬全产业链企业集团。公司在全国一、二线城市建立了十大产地仓情分选中心和十大地物流配送中心，覆盖全国全通路渠道营销网络，是国家级重点农业龙头企业、全国脱贫攻坚先进集体。在全国拥有近40个自有及合作果蔬种植基地，总种植面积超过4万亩。公司采用“公司＋农户”发展模式，依托常山胡柚原产地资源，在同弓乡太公山建立了文旅融合休闲观光示范胡柚园400亩，帮助农户致富，全面促进产业增效，现代农业排头兵，全力助推乡村振兴。曾获得中国绿色产业博览会金孔雀奖、北京奥运功勋奖章等荣誉。2021年，公司被中共中央、国务院授予“全国脱贫攻坚先进集体”。2023年，成为杭州亚运会官方新鲜水果供应商。

常山天道中药饮片有限公司成立于2013年3月，是浙江中医药大学中药饮片有限公司的全资子公司，是常山县唯一的中药饮片生产企业，2022年获批为省级农业龙头企业。厂房总面积近12 000平方米，其中实验室面积500余平方米，公司利用橘壳入药的契机，优化橘壳初加工能力，树立优质衢橘壳饮片形象，三年内完成建设年生产规模达3 000吨，涵盖生产加工、现代化仓储、检测控制、质量追溯的现代化生产及过程控制系统。该系统的实施将大力提高常山胡柚规范化初深加工能力，促进胡柚产业的发展，从源头上为“浙产好药”保驾护航。

浙江柚香谷投资管理股份有限公司成立于2015年8月，注册资金5 000万元，经营旅游业务度假村开发、农业技术开发、水果种植销售等。下属浙江常山恒寿堂柚集股份有限公司，成立于2009年，主要从事食品加工。2015年，公司引进日本香柚，开发建立基地面积12 000亩，建成全国最大的香柚基地；建立200亩的深加工车间，拥有3条生产线，日产100万瓶双柚汁，年产能达15万吨。公司建立省级农村三产融合示范园，获批为国家AAA级旅游景点。2023—2025年，公司计划启动新增45亿元产值、日产30万箱灌装车间项目，新增香柚基地2万亩。农业总部项目全部建成达产后，年产值可达100亿元，将成为百亿级产业链链主企业，有效促进双柚产业发展。

3. 改革探索情况

在谋改革、抓项目、强产业的过程中，常山县委县政府初步形成了一套以“产业培育、管理导入、利益再分配”为核心的实践模式。常山“两山合作社”联合强村公司，集中连片收储农户胡柚园、油茶林打造共富果园。以流转费一次分配为保底收益，通过专业化管理、品牌化营销提升价值品质，以增值收益二次分红反哺农户。其中，常山县青石镇飞碓村通过散户种植向共富果园迭代，带动农户达260户，每亩增收2 000元以上。常山县新昌乡联手省企与强村公司合作经营，导入现代企业管理，提升乡村产业运营水平，2023年9月以来经营收入突破900万元。常山“两山合作社”以2 500万元收购龙头企业柚香谷公司30万株香柚树并返租，企业新建双柚汁生产线，2021年销售实现翻两番，企业发展步入快车道，通过香柚基地流转建设、企业新增就业岗位等带动5个乡镇15个村1 900余户农户增收。

4. 要素保障情况

(1) 资金保障。县财政每年统筹安排2 000万元作为“两柚一茶”（胡柚、香柚、茶油）产业发展专项资金。对特色产业引进种植、加工、销售、宣传、厂房租赁等各环节予以政策补助。量身打造一系列产业扶持政策，统筹安排7 000万元以上资金用于胡柚品种培优、品质提升等，将油茶保供造林补助标准从 1 000 元/亩提升至 2 000 元/亩，持续引导产业健康发展。

（2）人才保障。依托全国农业科技先行化先行县建设，发挥浙江大学（常山）现代农业发展研究中心作用，加大乡村振兴人才培育，组建科研团队 20 多个共 100 余名专家下沉常山，通过科技特派、专家蹲点等形式开展主导产业关键技术协同攻关。围绕“一只果”全产业链各环节技术需求，依托“希望之光”项目，培养产、加、销专业型、复合型人才，培育壮大本地企业人才队伍。培育 5 名省级乡村工匠，11 名市级乡村工匠，成立 6 家县级乡村工匠工作室。依托浙大等科技联盟成员单位人才、智力优势，加强“土专家”的培养；发挥农业科技特派员、农村工作指导员带动作用，形成服务指导合力，有效解决“技术下沉难”“柚农技能”等问题。培育实用人才 1 156 人次，高素质农民 3 500 人次。

（3）科技保障。借助数字化改革赋能胡柚产业，创新实施种子种苗工程，建成 4 000m^2 智慧种苗繁育温室，打造 25 个数字化监测示范基地和 600 亩智能水肥一体化基地；建成胡柚种苗繁育中心 160 亩，实现年育苗能力超 10 万株，柚苗出苗率由 60%提升至 80%以上，精准实现品种培优。

（4）用地保障。在同弓乡、招贤镇等乡镇开展全域土地综合整治试点，盘活农村零散分散的存量建设用地，破解土地抛荒和耕地“非农化”等问题。对投资“两柚”深加工项目的企业，在用地指标、能耗指标、投资强度、亩均税收等方面给予支持，每年安排一定比例土地指标支持农业重点项目。

三、做法成效

乡村振兴要靠产业，产业发展要有特色。常山县以工业化思维经营传统农业，以深化供给侧结构性改革为抓手，围绕产业发展、产业推动、产业融合、产业带动、产业拓展五大方面重点发力，从而推动常山胡柚上演了从“山村野果”到“共富金果”、从“小柚子”到“大产业”的传奇。

（一）产业发展：积极转型、突破创新

1. 双柚合璧，产业引发蝶变

产业起步初期，全国柑橘产业井喷式发展，鲜果售价陷入低谷。单单依

托第一产业而不触及深加工，其潜能的激发始终是有限的。即便胡柚种植已成规模，但在竞品频出的当下，要在众多柑橘类果品之中脱颖而出却不容易。面对随时被超越、被取代的风险，常山秉持着“以工业的理念抓农业”的思维模式，推动产业积极转型。从鲜果销售的粗放式发展转向鲜果精深加工、农文旅融合的全链条式发展，使得胡柚产业得以走出常山、走向全国。县委县政府在秉持新发展理念的基础之上，积极谋划“选、育、推”三步走策略。在选育胡柚良种精品的同时，积极引进日本香柚优良品种，利用水肥一体化智灌、光温智控等育苗手段，确保每株幼苗提纯复壮。截至 2024 年 12 月，已有 01－7 胡柚、梨形胡柚、脆红、脆甜等 12 个胡柚品系被当地孕育而出，635 万株“双柚”幼苗在当地茁壮成长，全县良种覆盖率成功提升至 98％以上，胡柚、香柚“双柚合璧”之举初见雏形。

2. 提质升级，产业从有到强

一个产业要形成规模，没有合力和方向是做不到的，常山打出了政策先行和市场调节的组合拳，成立了由县委、县政府主要领导担任双组长的胡柚产业发展工作领导小组，陆续出台了《常山胡柚产业振兴发展行动计划》《“一只果”产业高质量发展行动方案》《关于加快农业特色产业高质量发展的若干政策意见》等政策文件，聚焦胡柚产业种植端、研发端、加工端、营销端、旅游端全链发力。14 任书记抓“一只果”，对胡柚产业引进种植、加工、销售、宣传、厂房租赁等各环节予以政策补助。“量身打造”一系列产业扶持政策，统筹安排 7 000 万元以上资金用于品种培优、品质提升等。县委县政府坚持“跳出常山发展常山”的发展理念，把产业藤蔓延伸到北纬 30 度的柑橘黄金种植带，支持引导柚香谷、艾佳等龙头企业在重庆、广西、贵州等地区打造一批高标准“双柚”种植基地，并建立辐射 7 个省份 37 个设区市的产品销售网络，“双柚”产业藤蔓由此深扎根系、长势喜人。

3. 全链发展，产业从强到优

2021 年常山发布了“一切为了 U”的城市品牌，坚持走全要素链、全价值链、全产业链融合发展之路，从“一只果”到“一个 IP”，柚产业成为常山这座城市封面。着力推动产品产业向规模化、标准化、知名化进阶，由此实现从“爆红”到“长红”的跨越式发展。县委县政府立足“一县一品”，充分挖掘胡柚多重价值，搭建两山合作社，做优绿色金融，推动一二三产融合成链，让“农业门面”与“工业门面”合二为一。从鲜果独大到“饮、食、健、美、药、香、料、茶”八大系列 90 余款产品，几年间，农业农村局联合政府各部门，以“胡柚”为轴心，以柚产业为经纬线谋划胡柚版图，推动“一只果”衍生“多维果度”。其中，常山“双柚汁”迅速占领快消市场，销售额从 2021 年的 3 500 万元大幅攀升至 2023 年的 6 亿元。2023 年底，常山胡柚入选全国“土特产”推介名录，“双柚”产业总值突破 46 亿元，带动农民增收 12 亿元，“常山胡柚”国家级地理标志农产品品牌价值达到 103.97 亿元。几经波折、几番突围，胡柚终成常山的支柱型产业之一，成为农民增收、乡村振兴的有力支撑。近年来，县委县政府致力于把技术做“透”，把标准做“精”，把规模做“强”，使得胡柚产业进一步壮大。过去农民常说，“养鸡生蛋买油盐，养猪为过年，生活靠种田”。现在广大柚农却说，“在家种好‘摇钱树’，收入靠胡柚，致富有盼头”。

（二）产业推动：政府带富、企业反哺

兴一个产业是为富一方百姓。特色产业的“家底”强起来了，乡村百姓的“口袋”自然也鼓起来了。常山锚定共富目标，政府托底、企业反哺，把高质量发展促进农民就业增收创业创富作为“一切为了 U”的最终体现，村强、民富、企赢，一头热真正变成了两头甜。

1. 政府带富

产业发展不仅需要有效市场，更需要有为政府。在胡柚产业发展的每一个关键节点，县委县政府秉持“敢为”“有为”“会为”，既主动规划，又调控有度，既铺路搭桥，又做实服务，既确立目标，又坚持用改革创新的办法破解难题，形成政府宏观把控和市场微观调整有机统一、相互补充、相互协调、相互促进的格局。坚持高标准、高质量，把质量安全作为常山胡柚产业发展的生命线，推动标准化、品牌化。为放大带富效应，常山打造“一份常礼”的区域公共品牌，架通集配中心、商超等渠道，组织流动供销致富车上门定时定点收购并检测，变被动推销为主动收购，实现农产品托底保销。同时，强化与“腾云”旅游公司、世纪联众等企业合作，推出“旅游＋”“伴手礼＋”“商超＋”等形式，带动鲜果收购价增长 70%，实现胡柚从“10 元/

袋”到“10 元/个”的跨越提升。通过全产业链增值，目前农民鲜果售卖收入同比增长 40%，全产业链带动 10 万农民增收超 12 亿元。

2. 企业反哺

“在情感上做到真心，在交往上做到公心，在制度上做到安心”的有为政府感召下，艾佳果蔬开发有限责任公司和柚香谷投资管理股份公司等 45 家企业共计捐赠 4 000 余万元教育资金助学兴教，以企业盈利反哺常山教育，带动常山地区科教兴文水平整体提升。把“小我”融入地域发展的“大我”，自发地反哺社会，既彰显了本土企业家的社会意识与社会意识，又谱写了村强、民富、企赢的共富篇章，为推动浙西第一门户建设贡献企业力量。

（三）产业融合：培育人才、强链补链

1. 实施外引内培，打造人才强链

常山着力打造人才生态，启动“常雁回归”工程，引进了一批有理想、有情怀的“新农人”“新乡贤”，让人才短缺之苦转变为人才回归之甜。县委县政府坚持人才是第一生产力，以高水平创新型人才和企业家队伍为产业发展的中坚力量，在全市率先实体化运作人才集团，推动人才发展和产业科技创新深度融合，全力打造与产业布局相匹配的人才大军。同时，深化农民“培训券”制度，培育一批农业转移技能工人、乡村工匠、新农人、致富带头人、经营管理人才，全面提升农民技能和创业能力。近 3 年，入选国家级人才工程对象 6 人，新引进省 C 类以上领军人才 31 人，硕博士等高层次人才 460 人，大学生 2.2 万人。同时，县委县政府把代际传承和乡贤回归作为强化山区产业发展人才支撑的突破口，从政治激励、经济待遇和生活关爱等多方面给予保障，引导有意向的“农二代”“农三代”投身精深加工业等现代乡村产业，推动乡贤“带着项目回家”，把“先进技术”带回来、把“高端人才”引进来、把“优质项目”落下来、把“总部基地”迁回来。相关项目总投资近 100 亿元，盘活下沉乡村资金 6.9 亿元。

2. 积极培大育强，建设企业强链

聚焦企业核心需求，充分发挥“两山合作社”新优势，为柚香谷等龙头企业提供精准服务。根据生态资源特点类型定制收储细则，收储辉埠镇 3 736

亩因镉污染抛荒的农用地和天安村 2 000 亩荒山，统一进行污染治理和设施完善，对接龙头企业开发建设香柚（胡柚）基地，交地时间相比企业自行流转缩短了 6 个月。创新实施融资租赁模式，以 2 500 万元收购企业 3 300 亩已成林的香柚基地，并返租给企业经营；企业承诺 3 年后溢价 10%从“两山合作社”回购，实现了互惠互利、合作共赢。针对生产过程中急缺标准化冷库的难题，“两山”合作社投资 2 700 万元，建成标准化冷库供企业租用。

围绕柚果深加工企业用工需求，搭建劳务交流平台，建立岗位信息库，在全国率先推出由农民点单、政府买单的“劳务培训券”，加速“农民”向“技工”转型。截至 2023 年底，全县累计投入培训资金 413 万元，培训双柚种植、加工、销售等技能型农民 300 余名。抓住线上“卖柚”快速拓展契机，成立乡村振兴讲堂“村播学院”，打造 30 名左右的本土化双柚网络主播队伍，带动双柚产品网络销售近 1 000 万元。

3. 纵深推动三产融合，促农文旅共荣发展

以国际慢城、宋诗之河等区域为重点，串联 5 个以双柚为核心的综合产业园区，打造全时、全域的胡柚主题旅游线路，累计助农增收 5 000 多万元，实现“卖柚”变“卖游”。做深双柚文化宣传推广，民族动画电影《胡柚娃》在全省院线上映，并荣获浙江省第十四届精神文明建设“五个一工程”优秀作品奖；《了不起的常山胡柚》专题宣传片荣获“筑梦小康”第十四届小康电影节目工程“优秀对农电视节目”国家级大奖。建设常山三宝文化展示中心、漫溪柚谷胡柚主题公园等一批集观光、展示、旅游、文化、研学为一体的特色农业项目，实现农文旅一体化融合发展。

（四）产业带动：集聚效应、抱团发展

县委县政府以特色产业为基底打造“保就业”堡垒，以胡柚为核心的全产业链构成农村、城镇富余劳动力转移就业的重要手段，以产业带就业，以创业带就业，以生产带就业，不断强化全产业链要素保障，出台系列扶持政策，促使胡柚产业蓬勃发展。

1. 定计施策，激发产业活力

2021 年来，常山县从做大共同富裕产业蛋糕出发，全力发展“一切为了 U”品牌内核，“两柚一茶”（胡柚、香柚、油茶）成功升格为县域“两大”主导产业之一，迈进了“种植、销售、加工、研发、文创、农旅”等全产业链发展“一盘棋”的新阶段。制定《常山县“两柚一茶”产业高质量发展（2021—2025年）行动方案》《关于推进土地大流转推动产业大提升的若干意见》《关于加快乡村振兴产业高质量发展的若干政策意见》等系列政策，在良种选育、土地（园地）流转、苗木种植、产品加工、科技研发、品牌建设、宣介销售等全产业链各环节上予以补助激励，全面提振产业发展动能。同时，发挥“两山合作社”对农村土地资源收储的平台优势，促进碎片化果园、茶园整合升规。三大农产品”种植面积近40万亩，鲜果（籽）年产量16万吨，总产值突破20亿元。

2. 抱团发展，村企户共富

在带动就业方面，由胡柚产业衍生的“共富果园”“共富庭院”“共富工坊”“共富大篷车”等模式，建立了多方利益联结新机制，从而实现利益的“三次分配”。两年来创建56家“共富果园”，采取“公司＋集体＋农户”合作方式，对农户分散经营的胡柚园进行公司化闭环运作。面积达到2.5万亩，带动就业2万人次，实现产值1.5亿元。如柚香谷近1万亩香柚基地每年能给农户带来500多万元的土地流转收入；基地日常管理、植保工作等，每年能给农户带来400多万元务工收入；“双柚汁”等产品生产加工每年给企业员工（80％左右均为周边农民）带来400万元的工资收入。

3. 药用突破，深挖产业蓝海

坚持以生物医药开发为主攻方向，加强衢枳壳降糖、降脂、护肝等科学研究，开展了胡柚基源认定、临床应用及衢橘壳浙江省中药材标准制定。推动衢枳壳收录《中国药典》2024年版增补本，进军全国中药材市场。目前，常山柚橙（常山胡柚）作为橘壳标准附注修订已经专家审核鉴定。通过规范化采收、标准化管理，常山衢枳壳价格由2020年7元/斤翻番至13.5元/斤，年产量6 000吨，单一产品产值达1.62亿元。全县近50家衢枳壳加工销售主体，年经营性收入增加1 400万元以上。

（五）产业拓展：从“爆红”迈向“长红”

一只果，惊艳味蕾、惊奇世界，圈粉无数。众所周知，网络瞬息万变，往往是一炮而红，转眼又销声匿迹。如此，“爆红”如何迈向“长红”便成了一门“大学问”。县委县政府借助胡柚引流，推动产品产业向品牌进阶，让“舌尖”带动“脚尖”，助“流量”成为“留量”。

1. 一株柚一座城，品牌推广起作用

起于柚，却远不止于柚。常山于2021年发布“一切为了U”城市品牌，将胡柚元素融入城市空间，胡柚大道、胡柚广场、胡柚口袋公园等标志性建筑陆续建成；香柚湾、漫柚溪谷等农文旅综合体加快建设；卡通动画电影《胡柚娃》亮相法国戛纳春季电视节；“赏花问柚”“UU音乐节”等主题活动现场人流如织……在文化浸润、旅游塑形、消费引领下，这一城市IP正潜入大街小巷、润泽各行各业。

2. 育品牌亮标识，文化底蕴藏其中

县委县政府将“一份常礼”作为区域公用品牌，推动“常山+”模式走向全国。并且，常山胡柚入选全国“土特产”推介目录，胡柚鲜果成为杭州第19届亚运会官方新鲜水果供应品种，“常山胡柚”区域公用品牌价值达15.77亿元，国家地理标志农产品品牌价值达103.97亿元。常山胡柚栽培系统入选首批省级重要农业文化遗产资源名单。引爆“赏花问柚”“UU音乐节”，年吸引游客超300万人次，实现文旅营收9亿元以上。

四、经验启示

浙江要先行、乡村要快行。常山胡柚正“苦尽甘来”，常山也在山海协作、政企携手促共富的路上一路向阳。我国目前正处在全面迈向现代化的关键节点，产业振兴尤为重要，小步快跑的山区26县，又该如何立足特色产业以“后甜”承接“先苦”、以“快富”赶上“先富”？

一是坚持工业化思维，精准施策加速高质量发展。现代高效农业是农民致富的好路子。要转变农业效益不高的刻板印象，把农业作为现代化高质高效高收益产业来谋划，就需要精准施策推动产业转型向纵深发展。因此，加快部署实施科技强农、机械强农“双强行动”，通过放大科技“乘数效应”开拓农业生产边际，以更低的投入实现更高效的产出，提升农业创富质效。

二是坚持市场导向，产业融合促进产品增值。乡村产业竞争，正逐步由单一的产品竞争走向产业链竞争。要多在融合上下功夫、在业态上开新路，通过开发农业多种功能、挖掘乡村多元价值，推动一二三产纵向融合、农文旅横向打通，实现一产往后延、二产两头连、三产走高端，以提振化、融合化有力推动山区特色产业高质量发展。

三是坚持人才强县，多方联动成就幸福产业。路线确定后，人才就是关键因素。要广发“英雄帖”，欢迎农业生产经营、乡村电商促富等各类人才返乡，壮大乡村头雁人才特别是农创客队伍。要培优现代“新农人”，联动建好省级农民大学专业院、市级农民学院、农民田间学校等，提升农民技能素养，加快打造以人才振兴引领乡村全面振兴的浙江样板。

四是紧扣本土特色，塑造优势打响品牌。要立足优势乡土资源做好“土特产”文章，推动乡土资源向特色产品转化深化。一方面，要扎根本地知道自己有什么，找准最能体现地域特点、当地风情的产品，因地制宜选准产业发展的突破口。另一方面，要跳出本地知道别人有什么，在横向对比中明晰彼我优势、谋求差异发展，做到人无我有，靠品种取胜；人有我优，靠品质争先；人优我精，靠叫响品牌拔得头筹。

五是坚持科技引领，强化研发成就幸福产业。产量、质量和外观是农业品牌的三大要素，栽培技术和生产资源是主要影响因素，而科学技术则是后盾。必须精准把握科技创新主线，完善生产端科技配套，加大先进农机装备引入力度，提高农产品生产的含金量。强化技术培训，大力推进生产管理标准化、规模化，着力打造绿色无公害的有机柚品，提升产品品质，提高美誉度。实施科技智慧农业战略，利用现代科学技术与农业传统种植相结合，从而实现无人化、自动化、智能化管控。

六是坚持“共富”理念，实现成果共建共享。生态农产品由于具有独特的“质”的优势，在一定时期内也具有一定的价格优势，抓规范基地建设，建设共富果园，既保障产品源头质量，又改善公共服务、“武装”农民。通过实行保护价收购、精品果优价品牌销售、利润分成等，让集体、村民与企业结成利益共同体，走出一条多方共赢的生态富民之路。

五、未来展望

加快建设现代化产业体系，是我国全面建设社会主义现代化国家的题中应有之义，也是推动中国式现代化的重要基础。常山县紧紧抓住新发展理念的实质内涵和根本要求，不遗余力“推进产业基础高级化、产业链现代化”，突出地方特色，打响农业品牌，推动“小柚子”变成“大产业”，成为产业创新发展的典型和一二三产深度融合的范例。这是贯彻落实习近平新时代中国特色社会主义思想的生动实践，也是满足人民群众对美好生活向往的一大实招。

农业特色产业的发展未来呈现出积极向上的趋势，具有广阔的发展前景和强大的发展动力，随着科技的创新、政策的支持以及消费者对高品质农产品需求的增加，胡柚产业的发展未来将迎来更多的机遇和挑战。

（一）强根固本，县域特色是基底

发挥优势，做大做强本土产业。立足本土资源禀赋，以特色农产品为代表，做足“土”文章，叫响“特”品牌，延长“产”链条，推动“土特产”破圈突围，打造现代高效农业，为农民增收致富注入强劲动能。要充分发挥比较优势，持续壮大主导产业，加快建链补链延链强链，推动产业向价值链中高端跃升。聚焦品种品质品牌推动农业“接二连三”，以和美乡村为载体，奋力在乡村振兴上开新局。

坚持质量优先，推动标准体系建设。要发挥生态优势，牢固树立和践行绿水青山就是金山银山的理念，坚持按照生态优先、绿色发展的原则，在“绿”字上下功夫，大力推进农业产业绿色发展。结合优势产业产区打造，支持新型经营主体制定一批影响力大、技术领先的团体标准和企业标准，将技术和知识产权优势转化为品牌优势，带动产业提档升级。

招兵买马，打造高质量新农人。借力科技特派员队伍，组建专家团队，培育更多乡村振兴产业人才；在线上线下营销方式多样化的背景下，强化营销型人才培育。大力开展涵盖农业技术、电子商务、经营管理等内容的培训，带动培育更多有情怀、懂技术、善经营、会管理的新时代“新农人”。

（二）育强做大，政策引领是前瞻

政府搭台，夯实地基谋共赢。积极向上争取相关产业专项资金，探索金融助农，统筹土地、资金、科技、人才等资源要素，向特色产业倾斜。争取重大项目资金投入全产业链发展，持续夯实产业发展基石。特别是培育产业人才，要借力科技特派员队伍，组建专家团队，培育更多专业人才，强化营销型人才培育。

巧用政策，解决难点堵点。引入金融活水，强化平台作用，发挥融资担保功能，创新抵押融资模式，为企业生产线提供关键性资金支撑，推出“农产品贷”等金融产品解决企业发展困难。鼓励现有种植主体扩大规模，进一步整合周边闲置土地，低产低效果园，增加管理投入，增加设施等先进农机、数字化的应用，进一步提升主体的基地管理水平。

多部协同，强链补链促发展。坚持把特色产业作为农民增收、乡村振兴的基础，不断深化农村改革，增加农业投入，健全产业链，创新价值链，推动农业高质量发展再上新台阶，着力打造全国知名的绿色农产品生产加工基地。加大优秀主体的引育，依托“两山合作社”等盘活资源，推进产业资源整合，筑巢引凤，支持社会资本上山入林进企，引进一批优质经营主体，规模化流转经营示范基地，做大做强一产，带动、促进全产业链发展。

（三）长远发展，新质技术是核心

强化技术，引领产业新发展。聚焦主导产业发展需求和关键技术研发，推进实施“揭榜挂帅”重大科技攻关项目，全力开展良种选育、品质提升、宜机化改造等全产业链技术提升，力争每年完成多项技术攻关类课，并积极促进成果转化。强化现有主体的技能提升，依托产业协会等平台，加大三支队伍建设，培育新农人，开展种植管理技术专题培训，同时借力科技特派员队伍，组建专家团队，通过手把手指导现场教学，提高产品质量。

创新服务，激发农业发展活力。加强农业与科技融合，坚持人才下沉、科技下乡、服务“三农”，强化先进适用技术的示范推广，鼓励发展各类社会化农业科技服务组织，创新市场化农技推广模式，打通科技进村入户“最后一公里”。聚焦主导产业发展需求和关键技术研发，推进实施“揭榜挂帅”

重大科技攻关项目，全力开展良种选育、品质提升、药用研究、宜机化改造等全产业链技术提升。

打造城市IP，抢占产业新机遇。挖掘特色产业文化题材，创作一批歌曲、诗词、舞蹈等作品；持续打造产业文化IP，适时举办文化活动，运用“网红”直播、抖音等新载体，讲好产业故事，扩大知名度与美誉度。依托生态资源优势，打造观光农业、高端民宿、康养旅游等产业。持续打造城市封面，把特色产业元素充分融入整个城市的“城市规划、城市建设、城市生活”中，建设一批地标建筑、景观节点，建好文化街、主题公园、展示馆、观光大道。

（四）抢占市场，打响品牌是关键

锚定新业态，激发新活力。抢抓机遇，立足资源禀赋、产业基础，培育发展农业新质生产力，以新质生产力引领传统产业转型升级，积极促进特色产业规模化、标准化、产业化、智能化、绿色化。加大胡柚线上线下队伍建设，重点培育有市场带动力的鲜果贸易龙头企业、电商、微商，培育本土带货主播。

培育县域品牌，打响全国知名度。品牌是产业竞争力的核心标志，是乡村振兴的关键支撑。要持续做好品牌创建、品牌打造、品牌培育，按照“人无我有，人有我优”的原则，继续发挥比较优势，在“特”字上下功夫，加快推进地方特色优势产业化进程。要全民总动员，全社会总参与，让特色产业成为国家级“土特产”，变成农户的“金饭碗”。

农文旅深融合，释放品牌内驱力。建设一批主题精品旅游线路、文化主题公园、休闲度假区，建成一批“农旅＋”“文旅＋”“运动＋”等休闲旅游产业新标杆，带动三产创收。持续举办“音乐节”“茶话会”“高峰论坛”等活动，多形式开展“土特产”文化节庆活动，打开文旅发展新局面；实施文旅三产融合项目，不断提升品牌形象，全方位文创产品，提升文化影响力。

一种味道引流八方来客

一、案例概述

常山县地处浙赣交界，有着丰富的自然资源和包容的文化底蕴，辣椒种植和鲜辣美食在这里有着悠久的历史。近年来，常山县聚力打造“中国好味·鲜辣常山”美食品牌，通过研发“鲜辣美食名宴”，建设“鲜辣食材基地”，推出“鲜辣美食门店”，培训“鲜辣技艺厨师”，依托寓外商会、党派团体等力量培育县外鲜辣常山体验店，在异地商会创建常山鲜辣美食宣传推广中心等举措，将鲜辣美食塑造成为城市新名片，有效地带动了当地经济的发展。为此，常山县被授予“中国鲜辣美食之乡”的称号，这不仅是对常山鲜辣美食文化的认可，同时也为当地美食产业的发展带来了新的机遇。

二、案例缘起

辣椒在明朝后期传入中国，但直至清朝中后期才开始成为中国人普遍爱吃的食物。常山人在辣椒种食方面是先行先试者，常山也由此成为中国鲜辣文化的发祥地。川之辣，在麻；湘之辣，在烈；渝之辣，在油；鄂之辣，在干；赣之辣，在香；云贵之辣，在酸；东北之辣，在辛。而常山之辣，便在一个“鲜”字。常山鲜辣，重在以辣为底、以鲜为质，口味上讲究细腻和鲜美，既浸润了江南的清丽与柔美，也隐藏着北方的大气与豪迈。

鲜辣美食也是常山县地域文化的生动体现。它承载着常山人的历史记忆、民俗风情和人文精神，是当地人民与外界交流的重要窗口。通过鲜辣美食，常山对外输出本地独特的风土人情和文化魅力；对内则可以依托鲜辣美食产业的带动作用，拉动农业、加工业、旅游业等相关产业发展，创造就业机会，增加居民收入，为县域经济增长注入新的活力。

历届常山县委县政府积极探索县域高质量发展和共同富裕建设新路径，充分利用鲜辣美食的先天地理文化资源优势，高度重视塑造和发展鲜辣美食产业，将其打造成促进县域产业发展的主抓手之一，一方面以一批鲜辣特色美食，打响“中国好味·鲜辣常山”品牌的整体知名度，把常山创建成为“中国鲜辣美食之乡”；另一方面扶持辣椒种植、蔬菜种植、水产养殖等各类基地，以美食带动本地农产品的销售和增值。

2023 年 6 月 19 日，《中共浙江省委 浙江省人民政府关于坚持和深化新时代“千万工程”全面打造乡村振兴浙江样板的实施意见》特别强调了做强做大乡村“土特产”的战略方向，包括擦亮“味美浙江·百县千碗”品牌，推动农家特色小吃向产业化、商业化转型等措施。2024 年，浙江省继续深化这一意见，《中共浙江省委 浙江省人民政府关于坚持和深化新时代“千万工程”打造乡村全面振兴浙江样板 2024 年工作要点》要求加快绘制“千村引领、万村振兴、全域共富、城乡和美”的乡村振兴新图景，全力打造具有浙江特色的乡村全面振兴样板。这些新政策、新文件为常山县进一步发展鲜辣美食及相关农产品产业指明了方向和方法。县里积极响应出台了《关于印发加快乡村振兴（农业特色产业）高质量发展的若干政策意见的通知》，提出聚焦于构建“一县一业、一乡一特、一村一品”的特色优势格局，深挖“土特产”潜力，推动农业产业高质量发展，进而促进农民增收，助力共同富裕示范区县域典范的建设。

三、做法成效

（一）培育龙头行业，推动提质升级

1. 加大政策扶持，打造鲜辣美食金字招牌

美食作为大产业，对就业创业、扩大消费、助农增收具有不可估量的带

动效应。近年来，常山县围绕市委推动衢州特色餐饮“走出去”和县委打响“鲜辣常山”餐饮品牌的工作部署，牵头推进“中国好味·鲜辣常山”品牌打造工作，充分发挥民主党派、商会、乡贤的资源优势，推动鲜辣美食产业提质升级，激发美食经济新动能。2021 年，成功创建“中国鲜辣美食之乡”，通过全县各寓外商会及会员，打造鲜辣美食门店 31 家，带动从业人员 1100 余人，鲜辣美食产业年产经济效益达 14 亿元以上。一方面，高位推动聚力。成立“中国好味·鲜辣常山”工作领导小组，将鲜辣常山工作任务纳入县委统战工作领导小组年度工作计划，落实工作例会、任务督考等机制，依托大统战工作格局促进中心工作落实。另一方面，政策集成发力。2021 年出台了《“中国好味·鲜辣常山”品牌打造工作实施方案》，真正开始了体系化推进。此外，常山制定出台了《常山鲜辣美食产业扶持政策》，配套出台优质基地培育、标准门店建设、节会营销推广等产业扶持政策，形成覆盖全产业、域内外的“1＋X”政策格局。例如，在北上杭等寓外乡贤较集中的地区，按照“鲜辣常山”门店标准开设餐饮店的最高能给予 100 万元奖励，鼓励引导寓外乡贤助力“鲜辣常山”进入全国各大都市圈。

2. 培育“百县千碗”，推动“餐饮＋”融合发展

为了进一步提升“诗画浙江·百县千碗”品牌的知名度和美誉度，《百县千碗 鲜辣常山特色菜》《百县千碗 鲜辣常山特色美食门店评价规范》等二项团体标准在全国团体标准信息平台正式立项。《百县千碗 鲜辣常山特色菜》《百县千碗 鲜辣常山特色美食门店评价规范》作为全省首个地方“百县千碗”系列标准，将围绕常山的“鲜辣”特色，深入挖掘常山美食文化内涵，强调美食的主客共享功能，凸显餐饮与在地文化的关系。此外，加速培育一批龙头型企业（种植大户），利用政策激励机制，增强对鲜辣美食产业发展的扶持力度，通过示范效应推动相关产业主体的快速发展。积极鼓励并支持农产品加工企业与强村公司建立长期稳定的供销合作关系，共同致力于鲜辣共富产业的建设，从而全面提高农产品的生产管理和市场销售能力。同时，常山还将迅速培养一批“百县千碗”龙头企业和优质民宿，促进“鲜辣美食＋民宿”产业的融合与共同发展。

为了深度促进乡村振兴，加速农业现代化进程，创新地启动“商会联村助乡兴”结对行动，以培育数字化食材种植基地为抓手，构建“商会+种植户+低收入群众”联结机制，推动技术、资金等资源向农村聚集，促进鲜辣农业产业主体数字化转型。如常山县杭州商会副会长姜财方将物联网等技术引入球川镇三溪农业种植园，利用空中传感、高清视频感应等技术，实现产量提升 3 至 5 倍，结对村平均集体经济收入增加 35 万元，已雇佣当地村民用工数万人次。

3. 健全行业标准，促进餐饮企业规范化发展

为加强鲜辣美食相关行业的龙头企业跟踪服务，推动企业规范化发展，促进个体户转型升级，提升组织化经营水平，常山县委统战部主导，组建了一个由相关部门和乡镇（街道）统战委员构成的专项工作小组。该工作小组对鲜辣美食行业的龙头企业实施定期的跟踪服务。持续制定和完善鲜辣美食行业的标准与规范，引导企业按照标准进行生产和经营，提高产品质量和服务水平。此外，制定并执行一系列针对龙头企业的扶持政策，包括税收减免、资金补助、用地保障等，旨在降低企业的运营成本，支持企业扩大规模和提升竞争力。同时，加大对鲜辣美食行业的监管力度，严厉打击违法违规行为，维护市场秩序和消费者权益。坚持以经营透明化为目标，统一搭建“鲜辣常山”平台，引导门店入驻，完善监管考评机制，倒逼商家诚信守法经营，确保门店有好口味，更有好口碑。积极鼓励并支持企业加强品牌建设，提升品牌知名度和美誉度，形成具有地方特色的鲜辣美食品牌集群。为了促进合作与交流，积极搭建平台，组织龙头企业参加各类展会、论坛等活动，加强与国内外同行的沟通合作，从而提升品牌影响力。为提高“百县千碗·鲜辣常山”知名度和美誉度，同时也进一步提升常山县餐饮行业服务品质。7 月 19 日，餐饮协会讲师前往衢州数字工业学校传授菜品制作技艺，讲述常山“鲜辣故事”。在校园内各大酒店厨师长们手把手制作“常山十大碗”等菜品。

（二）打造产业链条，优化资源配置

1. 特色食材引领特色美食

常山县深入聚焦“大食品”与“大健康”两大核心主题，致力于发掘并推广以山茶油、猴头菇、贡面等为代表的本土特色食材。依托本土鲜辣“菜

篮子”产品所具备的优质、安全等显著优势，积极构建鲜辣食材生产基地，以进一步巩固与提升本地食材的市场竞争力。同时，常山县还精心组织各类特色食材参与省级乡村美食大会、省农博会以及市级“土特产”展销会等大型展览活动，旨在通过这些平台，有效提升常山鲜辣乡村小吃的品牌知名度与市场占有率。2023 年 12 月，常山的“双柚”和茶油作为衢州“三大百亿”土特产中的两项在浙江农业博览会上备受关注。2024 年 1 月，浙江省农业农村厅会同省级有关单位在农发城市厨房举办“浙农优产 百县千品”名优“土特产”系列活动启动仪式，常山贡面入选浙江省第三批名优“土特产”百品榜名单。

2. 对标需求整合产业全链

常山县正加速构建一个融合第一、第二、第三产业的联动体系，以促进美食产业与文化旅游、商贸物流、现代农业等关联产业的深度融合，并进行综合发展。目前，我县拥有鲜辣产品品类 100 余种，相关从业人员 1.1 万人，全县有餐饮单位 1 500 余家，其中限上餐饮企业 17 家，在新冠疫情背景下，2022 年全县餐饮业营业额达到 12.5 亿元；现有食品生产加工企业 40 家，其中规上企业 6 家，2022 年实现产值 15 亿元；现有各类食材基地 171 个［其中蔬菜生产基地 26 个，食用菌栽培基地 10 个，畜禽（水产）养殖基地 135 个，林产品种植基地 5 个］，从业人员 2 000 余人，2022 年实现产值 2.6 亿元，其中 2022 年全县辣椒播种面积为 157 公顷，总产量 4 500 吨。餐饮荣誉方面，拥有中华餐饮名店 1 家，浙江省餐饮名店 8 家，浙江特色美食餐厅 4 家；中国烹饪大师 6 名，浙江烹饪大师 15 名。

常山县统一战线开展“共赴（富）辣生活”暨助力鲜辣美食产业提能升级行动，推动鲜辣美食产业升级。实施食材基地提质、鲜辣门店扩面、产品销售增量、美食产业赋能四大专项行动。利用民主党派资源，提升农户技能，促进产业链升级。例如，农工党通过服务基地，科技助农，提高粮农效益。商会和乡贤企业试点数字化销售，铺设无人售卖机，实现产品直供。通过数据分析，指导企业调整产品存储。自 2021 年以来，已铺设 112 台无人售卖机，接收订单 2 000 台，带动产业链增收约 1 820 万元。

3. 经济赋能打通县域县外

为了持续改进和优化服务业的总部经济政策，激励餐饮企业实现规模扩张和实力增强，常山县通过总部经济政策的支持，推进鲜辣美食向县域外扩展。鲜辣美食产业与农业的融合日益深化，目前已建立各类基地共计 171 余个，促进了本地农产品的市场拓展与价值提升。其中，艾佳果蔬与天蓝家庭农场西兰花基地达成了保底收购协议，确保符合加工标准的西兰花以每公斤 4.4 元的稳定价格进行收购，为农户提供了可靠的销售保障。同时，常山鲜辣美食品牌在全国范围内迅速扩张，特别是在北京、上海、杭州、宁波等核心城市，其门店数量已突破 200 余家，展现出强劲的发展势头。诸如先进鱼馆、宴三衢、定阳楼等十余家常山知名餐饮品牌，更是积极向外拓展，纷纷开设分店，进一步扩大了品牌影响力与市场份额。

常山县致力于深化“十百千万”内涵，凭借其特色农产品如球川豆腐和草坪辣椒，积极构建数字化、规模化食材供应基地。并将加速构建物流供应链体系，确保产品能够实现“向上可追踪、向下可溯源”的全程管理，以保障产品质量与安全。在全县 5 个镇（街）28 个村级股份经济合作社开展仓储保鲜冷链设施建设，建成重点冷库项目 4 个，为鲜辣食材线上销售和鲜辣美食零距离低温配送打通冷链物流“最后一公里”。此外，围绕胡柚、食用菌、辣椒酱等鲜辣产品原材料的储存、运输环节，打通 11 家域外商会冷链物流、电商领域会员企业运输网点，串联县内生产基地和农批市场，缩短销售距离，提升短链流通能力。目前，已建成“1＋5”高速物流圈，即以杭州为中心，辐射宁波、嘉兴等 5 个省内重要集散点，实现县域农产品 1 小时进市，5 小时通省，物流提速达 50%，带动农产品销售超 4 100 万元。

（三）编织鲜辣地图，打造特色街区

1. 规范门店建设标准，推动特色门店走出去

常山县积极推动特色门店走出去，不断规范鲜辣门店建设标准。在长三角区域，政府继续加大开设“鲜辣美食”门店扶持力度，进一步加强品牌宣传，利用线上线下多渠道营销策略，提升品牌知名度。通过社交媒体、美食节目合作、网红打卡等方式，让更多人了解并喜爱“鲜辣美食”。同时，注重顾客体验，定期开展顾客满意度调查，及时调整经营策略，确保门店能够

持续吸引并留住顾客。在供应链管理方面，常山县致力于确保食材的新鲜和品质，并与优质供应商建立长期合作关系，优化物流配送体系，减少中间环节，提高效率。在基地建设方面，聚焦常山特色食材，打造一系列无公害、绿色有机的鲜辣食材基地，如白石辣椒和芙蓉有机鱼等，推动规模化、专业化、标准化的种植养殖。在菜品开发方面，重点打造芙蓉有机鱼等特色菜系，制定制作流程和标准，纳入公务接待菜单。在门店经营方面，政府主导，企业主体，市场化运作，研发非遗小吃，如贡面和山粉饺等，同时注重口味创新和传统技艺保护，引进新技术，推动贡面产业的工业化进程，建立行业标准。

2. 健全星级评定机制，助力特色门店立起来

常山县定期挑选一批具有代表性的鲜辣美食门店入驻地图并进行门店星级挂牌。通过开展鲜辣美食赛事及星级评定活动等，培育形成一批具有较强研发能力、质量控制能力、营销能力、市场影响能力的鲜辣美食门店。此外，通过开展美食商户餐饮文明星级评定活动，促进商户主动提升食品安全管理水平。目前，常山有中华餐饮名店 1 家、浙江省餐饮名店 8 家、浙江特色美食餐厅 4 家，中国烹饪大师 6 名、浙江烹饪大师 15 名；拥有鲜辣产品品类 100 余种，相关从业人员 1.1 万人，餐饮单位 1 500 余家；现有食品生产加工企业 40 家，2022 年实现产值 15 亿元；现有各类食材基地 171 个，其中 2022 年全县辣椒播种面积为 157 公顷，总产量 4 500 吨。2024 年 5 月，为了扩大“百县千碗·鲜辣常山”的品牌影响力和美誉度，并同步推动常山县餐饮行业的服务质量提升与风采展现，常山县文化和广电旅游体育局携手杭州餐饮协会的专家团队，共同前往常山饭店区域，深入推广具有鲜明地域特色的鲜辣常山百县千碗美食文化。

3. 强化美食产业布局，擘画鲜辣美食全景图

常山县在美食产业发展的过程中，以“鲜辣常山”为核心，精心布局，不仅绘制了美食地图引领产业方向，更通过一系列创新举措激活了全县美食产业的活力，为旅游经济注入了强劲动力，同时也开启了构建鲜辣美食 IP 的新篇章。首先，常山县精心编织“鲜辣常山”美食地图，结合美食产业布局，打造何家乡长风渔家乐金字招牌，不仅助推长风渔家乐成为网红打卡地，而且还激发了全县鲜辣美食产业的活力，推动形成多元化、特色化的美食街区格局，为常山县的旅游经济注入了强劲动力，开启鲜辣美食IP构建的新篇章。通过邀请知名网红，利用抖音视频等方式宣传推介长风渔家乐，促使长风渔家乐知名度不断提高，目前“渔家乐”会员达50余家规模，每到周末、节假日，四面八方游客纷至沓来，感受鲜辣美食的魅力，到“渔家乐一条街”打卡，带热了当地旅游经济。

此外，在乡村振兴产业园打造鲜辣美食街区，融合常山文化、鲜辣美食、流行网红等元素，目前已有多家门店正式营业；东方广场周边以及浙西世贸城附近集聚了大量餐饮店，一南一北两个美食街区的雏形已初步形成。2023年底，常山二都桥“鲜辣美食街”开业。这一鲜辣美食街区的落地，是常山打造鲜辣美食IP的一大成果，为常山鲜辣美食品牌打造带来有力支撑。

（四）凝聚多方合力，坚持守正创新

1. 政府统筹推动和市场主导参与协同发力

为了更有效地促进政府与市场的协同进步，鲜辣美食发展中心成立“鲜辣常山”工作领导小组，县委常委、统战部部长任组长，由县工商联牵头负责，统战部、经信局、文广旅体局、农业农村局、市场监管局、人力社保局等十多个部门和14个乡镇（街道）各司其职、共同参与，围绕鲜辣文化挖掘、鲜辣菜品研发、食材基地培育、鲜辣门店打造、鲜辣厨师培训以及鲜辣美食宣传等各个环节，常态化推进各项工作。如文广旅体局、机关事务保障中心等部门积极推动老菜新做、守正创新，鼓励餐饮企业、厨师在传统鲜辣主推菜品的基础上，顺应消费者结构变化，从选料、外观、健康等角度推出创新菜品，打造百县千碗2.0版，打造拳头菜品，突出鲜辣菜品内涵的文化性，打造成为公务接待必推菜品；市场监管局积极推进溯源体系建设，建立健全鲜辣美食食品安全监管体系；财政局加大鲜辣产业政策扶持力度，用于支持鲜辣美食门店打造补助、餐饮协会菜品研发、鲜辣厨师培训、贡面产业发展等。

同时，充分发挥餐饮行业协会、名厨委员会在推动鲜辣美食产业发展中的作用，对入围省、市的名菜及主推菜品，组织力量专门研究制定菜品制作、工艺质量、技能技艺等操作流程和标准。发挥餐饮行业协会、寓外常山商会的作用，引导广大餐饮企业、寓外乡贤配合支持“鲜辣常山”品牌打造工作，积极宣传推介常山鲜辣美食，营造了全民创业创新的浓厚氛围，为整项工作打下了基础。

2. 厨师技能培训和就业创业服务协同发展

常山县以就业市场需求为核心驱动力，全面启动“鲜辣常山”人才培育计划，旨在打造一支高素质、专业化的鲜辣美食行业人才队伍，为常山鲜辣美食产业的持续繁荣提供坚实的人才支撑。在此目标引领下，常山县依托衢州数字工业学校和常山阿姨培训学校两大平台，精心组织了鲜辣厨师培训项目，鼓励并支持培训合格的学员回归鲜辣美食门店，为行业注入新鲜血液。同时，积极支持行业协会与餐饮企业联手建立鲜辣厨师培训基地，通过系统化的培训，培养出一批既擅长经营管理又精通烹饪技术的“鲜辣常山”厨师人才。截至 2024 年，常山县开展鲜辣美食相关培训 8 千余人次，衢州数字工业学校作为我县唯一一家社会培训评价组织机构，2023 年获得了“中式烹调师”职业技能等级认定资格，2024 年建立好评价基地和师资库并成功开展评价。近年来，衢州数字工业学校协同常山县餐饮行业协会创新培训方式，采取“鲜辣文化讲座＋菜品实操＋考核”相结合的方式进行，重点推动“常山十大碗”进大城市，传播鲜辣文化，打响“中国好味·鲜辣常山”品牌。培训期间，大家就定阳猴头菇、龙绕泥鳅煲、古县蒸肉圆、柚皮炒羊肉等常山十大碗烹饪技艺深入交流，围绕如何提高“色、香、味”，提出了不同的操作思路，认为既要保持家乡传统的烹饪方法，更要有创新意识，有常山辨识度，让消费者“一吃难忘”“一口上瘾”。同时，举办鲜辣厨艺展示活动，引导支持常山厨师参加县外烹饪技艺展示、比赛，对外展示常山鲜辣美食，吸引更多劳动者加入餐饮服务行业。积极推荐优秀培训厨师到知名餐饮企业就业，鼓励引导他们开办小吃店、熟食店等，促进就业创业。

3. 前端种植培育和终端门店协同合作

在食材基地培育方面，通过发挥常山得天独厚的生态资源优势，结合现有鲜辣食材资源分布和发展基础，培育打造一批特色鲜明、品质兼优、竞争力强的乡村生态鲜辣食材基地，包括辣椒种植、蔬菜种植、水产养殖、畜禽养殖、豆制品加工等各类基地。在鲜辣门店打造方面，在县内，以县城东方美食街、何家渔家乐一条街为核心，通过改造提升规范现有餐饮企业（店），打造一批特色美食街区、美食乡镇和美食村。在县外，制定出台扶持政策，以省内杭州为重点，以上海、苏州等长三角地区为突破，通过统一门店门面形象（“鲜辣常山”LOGO标识）、统一店内展示（常山宣传、食材采购），整体打造“鲜辣常山”门店，逐渐覆盖全国各大都市圈，目前已兑现鲜辣常山门店补助资金277万元。

（五）讲好常山故事，助力品牌提升

1. 深挖“常历史”，打响“鲜辣常山”品牌

常山县在推动鲜辣美食产业发展的同时，深谙文化传承与创新的重要性，通过多维度、深层次的文化挖掘与融合，为“鲜辣常山”品牌注入了丰富的文化内涵与独特魅力。一方面，深入挖掘整理常山鲜辣美食历史渊源、文化底蕴、名人典故及鲜辣食材科普知识，将鲜辣菜品与历史文化名人“挂钩”，与地域特点“联姻”，讲好常山“无辣不成菜，无辣不成宴”故事，邀请社会知名文化人精心创作《中国好味·鲜辣常山》《常山是中国鲜辣文化发祥地》等书籍资料。另一方面，在鲜辣菜品中植入“宋诗之河”文化基因，结合常山历史文化、风土人情、名优特产以及域内各地的文化特色、民俗传统等，研发推出宋诗文化宴、鲜辣胡柚宴、长风鱼乡宴、菌菇养生宴、黄冈素食宴等“十大名宴”和定阳猴头菇、柚皮炒羊肉等“十大碗”，用“好故事”表达“鲜辣常山”品牌理念、传递品牌价值、丰富品牌内涵。

2. 落实“五个一”，展现“鲜辣常山”形象

常山县通过实施“五个一”要求与创新营销策略，全方位、多层次地打造并推广“中国好味·鲜辣常山”品牌形象，不仅引起了广泛关注，还成功地将常山鲜辣美食文化推向了新的高度。为立体展现常山鲜辣美食的独特魅力，常山县精心策划并实施了“五个一”工程：按照一部宣传片、一首美食歌曲、一张美食地图、一份美食榜单、一批美食推荐官“五个一”要求，立体展现“中国好味·鲜辣常山”品牌形象。拍摄“辣”么好吃的常山系列鲜辣美食宣传片提升常山知名度；推出“鲜鲜鲜，辣辣辣，鲜辣常山辣红了你的脸……”的《鲜辣常山》RAP唱响央视舞台，上榜网络热搜；发布杭城

鲜辣常山美食地图，实现“一张地图吃遍鲜辣常山美食”；在公众号、抖音号、小红书等平台发布美食榜单，推广常山鲜辣美食；聘请“永君妈妈”为鲜辣美食推荐官。创新搭建“寓外商会+农特产品展销”平台，在18个常山县寓外商会成立“常山鲜辣美食”宣传推广服务中心，专门用于展销常山胡柚、常山辣椒等本地特色农特产品，并初步在杭州、宁波等城市选取了20家规模较大的常山美食餐饮店系统打造鲜辣美食体验店，提高常山鲜辣美食品牌在国内主要城市的知名度。如乡贤陈剑在杭州市区开设了4家常山鲜辣美食体验店，通过植入鲜辣元素，成为网红打卡地，2021年实现营业额3 000余万元。

3. 锚定“新媒体”，擦亮“鲜辣常山”辨识度

为了进一步擦亮鲜辣常山品牌辨识度，精心策划“鲜辣常山”宣传活动，制订详细的宣传计划，旨在通过多载体全方位宣传提升品牌知名度。为此，出台直播场地免费等政策，打造网红经济链，常态化开展主播培训、直播带货等活动，打开常山鲜辣美食直播销售大门。据统计，两年来，共培育“乡土直播员”200余名，开展鲜辣美食系列直播187次，综合点击量1 000万+，累计带货30余种，实现带货销售2 000余万元。2022年度完成县级以上鲜辣相关内容的专访、采访报道35条，完成省级媒体以上报道3篇，完成新媒体平台相关报道40篇。其中，“98家常山鲜辣美食门店香飘京沪杭甬”上衢州日报头条；邀请浙江卫视综艺栏目《“食”万八千里》走进常山，许多综艺明星实地探秘打卡常山鲜辣美食，当晚全国收视率位居省级卫视第三；拍摄“辣”么好吃的常山系列鲜辣美食宣传片，集鲜辣美食故事分享、美食教程于一体的形式受到大众喜爱；举办“中国好味·鲜辣常山”全民抖音短视频大赛，征集参赛作品457条，“鲜辣常山 辣里等U”话题总播放量逾808万次，覆盖用户突破1 189万人次；举办“长三角一体化”旅游推广活动暨2022自驾畅游·露营衢黄南饶“联盟花园”系列活动，活动中融入“百县千碗”鲜辣美食品鉴会和辣里等你“中国好味·鲜辣常山”美食创新会暨辣友音乐会，让游客尽享舌尖的热辣；此外，通过食堂栏目宣传、“浙里好管家”、“百县千碗跟我学”短视频栏目等线上方式推进鲜辣美食宣传。

四、经验启示

（一）政府市场相驱动，双向互动促繁荣

常山县政府高度重视鲜辣美食产业的发展，制定并出台了一系列政策，涵盖优质基地培育、标准门店建设、节会营销推广等方面。这些政策为鲜辣美食产业的发展提供了坚实的制度保障。如制定“中国好味·鲜辣常山”品牌打造工作实施方案，明确品牌建设的目标和路径，确保各项措施落地见效。制定“支持县外常山鲜辣美食推广”政策，每年安排专项奖励经费，用于宣传推广和转型升级。此外，政府通过财政补贴、税收减免等方式，对鲜辣食材基地、加工企业、餐饮门店等给予资金支持，降低企业经营成本，提高市场竞争力。政府加强市场监管，确保食品安全和产品质量，维护良好的市场秩序。同时，提供优质的政务服务，如简化审批流程、提供政策咨询等，助力市场主体发展。另一方面，在政府政策的积极扶持下，市场参与者踊跃投身于品牌构建与市场推广的活动中。具体表现为参与各类美食节庆活动、组织品鉴会等，旨在提高品牌的市场认知度与良好口碑。同时，市场主体充分利用社交媒体、电子商务平台等线上媒介，开展广泛的网络营销活动，以进一步扩大品牌的影响力与覆盖面。此外，通过延伸产业链条，市场主体促进了农业、工业和服务业之间的深度融合。例如，食用笋种植者不仅专注于原材料供应，还积极涉足产品的加工与销售环节，从而有效提升了产品的附加价值。进一步地，市场主体还致力于将鲜辣美食与乡村旅游、文化体验等多元元素相结合，精心打造出集多种功能于一体的复合型旅游产品，以满足市场日益增长的多元化需求。

（二）品牌宣传多渠道，营销推广显成效

为了将“鲜辣常山”这一品牌推向更广阔的舞台，常山县借助多元化、立体化的宣传策略，旨在全面提升品牌的美誉度。通过综艺栏目、宣传片、抖音短视频大赛等多种形式，加大品牌宣传力度，提升品牌知名度和美誉度。同时，借助音乐节、演唱会等年轻人喜闻乐见的文化活动，吸引广大游客的关注与参与。此外，策划开展“鲜辣常山”系列宣传推广活动，制订

"中国好味·鲜辣常山"宣传工作计划，开辟专栏、专题，利用报纸、电视、微信、短视频等多载体、全方位进行宣传。积极对接央视、浙江卫视、抖音等平台，浙江卫视综艺栏目《"食"万八千里》走进常山，打卡常山鲜辣美食；举办了"中国好味·鲜辣常山"全民抖音短视频大赛、"中国好味·鲜辣常山"美食创新会暨辣友音乐会等系列线上线下宣传推广活动，同时将"鲜辣常山"融入"UU"音乐节、全国山地自行车大赛、"长三角一体化"旅游推广等重大节庆赛事，持续为"鲜辣常山"引流。利用新闻媒体讲述鲜辣美食故事，加强与旅行社、酒店等旅游企业的合作，将鲜辣美食纳入旅游线路和产品中，推动鲜辣美食与旅游产业的深度融合。依托新联会、网络人士统战工作实践基地等资源，邀请杭州市拱墅区等地网络电商人才开展直播示范教学，同时出台直播场地免费提供、直播场景免费布置等政策，打造网红人才培育经济链，常态化开展主播培训、直播带货等系列活动，打开常山鲜辣美食直播销售大门。

（三）特色街区展风貌，文化传承创新扬

为全方位激活常山鲜辣美食产业活力，促进文化与旅游深度融合，致力于绘制一幅详尽的"鲜辣美食地图"，通过紧密合作餐饮行业协会，积极构建一个促进行业交流的生态系统。此系统旨在打破企业间的壁垒，促进资源和信息的顺畅流通与共享，从而推动整个行业的协同发展。鼓励餐饮企业携手并进，共同探索成长之路，构建稳固且高效的销售渠道与供应链体系。同时，积极规划县域产业布局，旨在将特定区域打造成为网红美食的热门打卡地，以此提升"鲜辣美食"品牌的知名度与影响力。通过一系列的举措，吸引来自四面八方的游客前来特色街区，亲身体验鲜辣美食的独特韵味，进而促进当地旅游经济的蓬勃发展。在美食街区的建设过程中，注重将常山文化、鲜辣美食以及流行网红元素等巧妙融合，以打造独具特色的街区风貌。

在数字化浪潮的推动下，常山县积极运用新技术，将数字化手段深度融入传统美食文化的传承与发展之中，旨在通过智能化、数据化的创新路径，推动鲜辣美食产业焕发新生。一是构建"鲜辣脑·码上富"系统。该系统围绕助推共同富裕目标，以数字化为平台，通过"一十百千万"工程（即创建一个"中国鲜辣美食之乡"、研发十大"鲜辣美食名宴"、打造百个"鲜辣食材基地”、推出千家“鲜辣美食门店”、培训万名“鲜辣技艺厨师”）为抓手，聚焦生产、销售、服务三大端口，利用现代信息技术为鲜辣食材种植、管理、销售、服务等提供数字化解决方案。二是搭建数字鲜辣美食平台。常山县借助数字化改革的东风，通过数字赋能，搭建数字鲜辣美食平台，将“十百千万”各环节数据打通，让优质食材连线餐饮企业、让餐饮企业找到鲜辣大厨、让鲜辣大厨做出名菜名宴，体系化推进鲜辣美食产业高质量发展。三是“一图一网一库”的构建。根据食材基地、无人售卖机、鲜辣门店等产生的数据，构建“一图”（常山鲜辣美食地图）、“一网”（无人售卖网）、“一库”（消费数据库），实施业务、数据集成，确保“食品质”、提升“食风味”、增强“食美誉”。四是推动食材种植与管理智能化。食材基地的数字化改造，通过“鲜辣食材基地”提升改造，例如，江源村食用笋基地达 3 000 多亩，全村 700 余户村民有 500 余户种植了食用笋，通过平台直销上海、苏州等地，帮助农户增收。

（四）产业延伸标准化，建设之路稳且长

常山县注重鲜辣美食产业链的延伸，从食材种植、加工到餐饮门店，形成完整的产业链条。同时，通过研发新菜品、推出名宴等方式，不断丰富产品种类。在标准化建设过程中，围绕食材来源、菜品制作、门店管理等环节，制定统一的流程和标准，确保产品品质和服务的规范化。同时，注重打造精品培训基地，全力支持“鲜辣厨师”教学基地建设，通过培训万名“鲜辣技艺厨师”，提升行业整体水平。围绕食材来源、菜品制作、门店管理和服务的全过程，制定百县千碗常山鲜辣美食的菜系标准和鲜辣门店的标准，引导县内外餐饮单位严格按照标准进行生产加工。菜系标准的执行关键在厨师，因此在厨师培训方面，要在以往初级培训基础上，做精做深，打造具有常山特色的规模化、品牌化“鲜辣常山”培训发展模式，同时鼓励大厨们创新菜品。在鲜辣门店方面，继续做好杭州、宁波两地门店改造及奖补兑现工作，并根据今年的验收情况进一步调整县外美食店的政策兑现相关细则，还可以谋划十大美丽鲜辣美食餐厅评选之类的活动，提高社会参与度和影响力。此外，要理顺现有的“鲜辣常山”运行机制，尽快组建专门工作机构，专班化运作，引导推进“鲜辣常山”相关产业高质量发展，持续打响“鲜辣常山”品牌。

（五）“十百千万”固根基，持续发展谱新章

在县委县政府的高度重视和有关单位的大力支持下，常山以“中国好味·鲜辣常山”为主题，创建一个品牌，研发十大名宴，打造百个基地，推出千家门店，培训万名厨师。积极开展品牌创新行动，推进名菜、名宴、名点、名糕、名礼、名厨、名店、名材等“八名培育”工程。在门店方面，根据2021年《关于加快推进文化旅游产业发展政策意见（试行）》文件要求，2022年在京沪杭甬等地验收新开设常山鲜辣美食门店28家，发放补助资金250万元，改造提升杭州门店26家、宁波门店10家。在厨师方面，2022年开展“常山阿姨”和“鲜辣厨师”相关培训50期，共2 439人参加，取证2 130人；进一步打造精品培训基地。全力支持“鲜辣厨师”教学基地建设，常山县吉利职业培训学校被评为四省边际（衢州）共富学院“鲜辣厨师”专业教学基地。在冷链仓储方面，常山县5个乡镇（街道）28个村级股份经济合作社开展仓储保鲜冷链设施建设，建成金惠标准厂房冷库、胡家淤村菜市场配套冷库、青石胡柚集散中心、球川镇蓝莓冷链仓库等重点冷库项目4个，为鲜辣食材线上销售和鲜辣美食零距离低温配送打通冷链物流“最后一公里”。

五、未来展望

（一）丰富鲜辣美食产品系列，打造标志性菜品

在推动“鲜辣常山”美食品牌的建设中，常山县聚焦于挖掘本土特色食材，强化品牌保护与推广，同时注重菜品创新与养生理念的融合，力求打造独具魅力的美食文化。常山以衢州市打造“衢州味道”品牌为契机，打造辣椒、茶油、食用笋、食用菌、野生甲鱼等一批稳定、无公害、绿色有机的鲜辣食材基地，走出规模化种植新路径，成为“鲜辣常山”的重要标记。重视苦槠豆腐、白腊肉、胡柚辣酱、臭豆腐夹饼等食材或小吃的申遗工作，加大“柚香谷·双柚汁”“艾佳·艾柚香”等胡柚饮料的推广和知识产权保护力

度，提高常山食材和食品的知名度和美誉度。辣椒是“鲜辣”的灵魂，要重视培育选优本地辣椒品种。常山白石的红辣椒无论品质、口感以及种植规模历来在周边颇有名气，建议以白石辣椒为突破口，将其做大做强，努力培育成地理标志产品。一是做精“本土餐”。可由县餐饮协会牵头，在制作技术上带领厨师不断研究，通过学、做、比等方法把常山菜做得既有时代特色，又有传统风味。要深入农家院落，通过问、访、吃等方式，挖掘常山乡村菜肴、江湖菜品。二是做香“创新餐”。常山地处四省交界处，邻近的上饶地区和景德镇地区打的也是鲜辣品牌，可以鼓励厨师学习借鉴。三是做优“养生餐”。在坚持本土口味的基础上，紧扣健康养生理念，在中医学、烹饪学和营养学理论指导下，强调色、香、味、形，注重营养价值，研发既对人体的养生防病具有积极作用，又有激起人们食欲、给人以余味无穷的养生菜肴。

（二）完善顶层设计，提升“三产融合”发展

制定鲜辣美食产业发展规划。在食材方面，发挥本地“菜篮子”优势的同时，逐步扩大种植规模，更新种植方式，既能保证质量也能保证产量；规划建设鲜辣美食产业园区，引导相关企业入驻，形成产业集聚效应，提高产业发展的规模化和规范化水平。围绕食材来源、菜品制作、门店管理和服务的全过程，制定百县千碗常山鲜辣美食的菜系标准和鲜辣门店的标准，引导餐饮单位严格按照标准进行生产加工。菜系标准的执行关键在厨师，要做精做深厨师培训，打造具有常山特色的规模化、品牌化“鲜辣常山”培训发展模式，同时鼓励大厨们创新菜品。在鲜辣门店方面，继续做好杭州、宁波两地门店改造及奖补兑现工作，根据验收情况进一步调整县外美食店的政策兑现相关细则，并谋划“十大美丽鲜辣美食餐厅评选”等活动，提高社会参与度和影响力。还要理顺现有的“鲜辣常山”运行机制，尽快组建专门工作机构，专班化运作，引导推进“鲜辣常山”相关产业高质量发展，持续打响“鲜辣常山”品牌。

加快构建一二三产业融合联动体系。推行“食材基地＋供应链公司＋门店”运营模式，推动美食产业与文化旅游、商贸物流、现代农业等相关产业融合起来、一体打造。通过政府主导、市场参与运营，由国企负责冷库等基础设施建设、食材统筹供应和物流运输，与市场主体合作运营，更好地整合常山县优势农业资源，打通上游的养殖、种植，中游的食品加工、物流运输，下游的门店打造、活动营销，打通供应链。另外，探索建立“鲜辣常山品牌＋企业品牌＋产品品牌”联动的经营机制，可以借力山海协作合作共建，先行先试，在杭州或宁波地区开设常山鲜辣小吃旗舰店，由农投负责食材、门店等方面的标准化建设，市场主体负责门店运营，下一步还可推广连锁化、品牌化发展。

（三）助推食文旅融合发展，擦亮品牌辨识度

为了全方位提升常山美食文化的本土认同感和品牌影响力，需要讲好美食故事，立足资源禀赋，挖掘历史文化底蕴，把鲜辣美食与“宋诗之河”文化基因相结合，用“好故事”表达品牌理念、传递品牌价值、丰富品牌内涵，让更多游客从常山特色美食中“品到乡愁”“吃出文化”。深度挖掘常山县美食资源分布，以及这些本土美食背后蕴含的文化内涵和发展脉络，跟旅游热度相结合，讲好鲜辣美食文化故事，丰富食客体验层次。此外，要善于捕捉热点话题，以“中国鲜辣看衢州，衢州鲜辣看常山”为口号，聚焦于鲜辣常山的特色，进行深度挖掘与宣传。具体而言，可策划并拍摄《鲜辣常山》系列美食纪录片，邀请享有盛誉的厨师参与，并与知名美食节目合作，采用多维度、全矩阵的传播方式，广泛弘扬鲜辣菜品的饮食文化，传承其精湛的烹饪技艺。同时，通过定期举办美食节、小吃节等活动，营造浓厚的氛围，保持对鲜辣常山热度的持续推送，进一步巩固和提升其品牌形象。

一名学子见证教育均衡发展

一、案例概述

教育优质均衡发展是在基本均衡发展基础上的迭代升级，是促进公平与提高质量并重，强化“均衡”与突出“优质”同行的发展。历届常山县委县政府始终坚持把振兴教育优质均衡发展当作“一号工程”来抓，坚持一张蓝图绘到底，一以贯之抓落实，通过重投入、深改革、强队伍、树品牌，完成由“量”到“质”的力量积淀，基本实现从“ 有学上”到“ 上好学”、从“学有所教”到“ 学有优教”的精彩转变，迎来从“基本均衡”到“全域优质”的跨越迈进。2017 年以来，常山县中考实现“七连升”，完成移位争先目标，由全市倒数第一到位列全市第一方阵；高考实现“六连增”。2023 年，常山“学前双普县”创建高分通过省评，“义教优均县”创建 100％达标，省评获优秀，为全省唯一“两县创建”全部通过省评的县；基础教育生态监测得分 84.97 分，位列全市第 1，教育业绩综合考核获市一等奖，位列全省第 22 名，省内山区县中排名第 3；“无限爱”留守儿童关心关爱案例获财政部、民政部领导以及常务副省长徐文光等国家省市领导批示肯定；小规模学校撤并、学前教育薄弱园整治先后得到副省长卢山和市委书记高屹 2 次批示肯定；常山入选浙江省义务教育阶段全域教共体（集团化）办学试点。2024 年，常山获评浙江省完善普惠性学前教育保障机制试验区；“中国教育报区域教育高质量发展实践案例”评比中，常山县案例《常山县借力山海协作平台打造跨地区教共体“城乡互动型”新模式》入选推动教育综合改革主题实践案例。2022 年，常山实现了22年来清北录取“零的突破”，2023年刘正辉被清华大学录取，2024年徐文凯被北京大学录取。从圆梦学子的身上，常山老百姓们见证了教育的脱胎换骨。教育振兴解开生源回流密码，为常山从2022年到2024年三年人口增长2.8%作出贡献，“优学常山”品牌全面打响。

二、案例缘起

教育优质均衡发展，是高质量发展建设共同富裕示范区的重要组成部分。教育优质均衡发展是在基本均衡发展基础上的迭代升级，是促进公平与提高质量并重，既强化“均衡”，也突出“优质”。“均衡”重在进一步缩小区域、城乡、校际、群体教育差距，补齐农村等地区教育短板，切实兜住底线、抬高底部，不搞削峰填谷。“优质”重在落实立德树人根本任务，坚持育人为本，全面推进“五育”并举，强化教师队伍建设，提升教育教学质量，促进学生德智体美劳全面发展和健康成长。教育优质均衡的实现有助于促进社会公平，提高整个社会的人力资本水平，对经济发展和社会进步具有重要意义。

党的十八大以来，我们国家就把“办好人民满意的教育”写进了政府工作报告中，把它作为政府的首要工作去完成，并且始终坚持优先发展教育事业。党的十九大报告指出，要全面贯彻党的教育方针，推进教育公平，推动城乡义务教育一体化发展，高度重视农村义务教育。党的二十大报告再次提到，要继续坚持教育优先发展原则，坚持以人民为中心发展教育，加快建设高质量教育体系，发展素质教育，促进教育公平。加快推进义务教育优质均衡发展和城乡一体化进程，优化区域教育资源配置。2023年中央一号文件明确提出“推进县域内义务教育优质均衡发展，提升农村学校办学水平”。2023年，中共中央办公厅、国务院办公厅也联合印发的《关于构建优质均衡的基本公共教育服务体系的意见》从城乡学校布局规划、乡村小规模学校建设、城乡学校共同体建设、数字教育平台建设等方面提出发展要求。2024年两会政府工作报告中特别提到：要加强高质量教育体系建设，加快义务教育优质均衡发展和城乡一体化。党的二十届三中全会也明确提出：完善义务教育优质均衡推进机制，探索逐步扩大免费教育范围。

浙江省早在2011年就出台《浙江省中长期教育改革和发展规划纲要（2010—2020年）》，把推进义务教育均衡发展作为实现教育现代化的首要任务。2018年，省政府把义务教育优质均衡发展列入《浙江省富民惠民安民行动计划（教育篇）》工程项目。近年来，浙江省以教育共同体建设为主抓手，大力推进义务教育优质均衡发展和城乡一体化，不断提升基本公共教育服务均等化水平。2020年，浙江省在全国率先全省域推行城乡教共体建设，推动全省公办义务教育学校教共体结对覆盖率达95%以上，优质教育资源进一步下沉。2022年，省委、省政府将支援山区海岛县组建跨地区"城乡教共体"列入省民生实事，通过"山海协作"有效推动浙江教育区域协调发展。

常山县位于浙江省西部山区，是浙江省加快发展山区县之一。长期以来，由于办学基础薄弱，区域、城乡、校际之间发展极不平衡及发达地区"虹吸效应"，导致出现了生源不优、师资不强、理念不新、管理水平不高、质量不好等困境，教育发展成为老百姓的一块"心病"。为办好人民满意的教育，近年来，常山县委县政府始终坚持把振兴教育当作"一号工程"来抓，凝全县之心、聚全县之财、举全县之力，持续深入推进教育跨越式发展，教育保障越来越实、教师队伍越来越优、教学质量越来越好，"优学常山"品牌全面打响。师生回流、质量回升、教育回春，短短数年间，常山教育实现脱胎换骨。

三、主要做法

常山教育坚持一张蓝图绘到底，一以贯之抓落实，经过数年的努力，已经完成由"量"到"质"的力量积淀，基本实现从"有学上"到"上好学"、从"学有所教"到"学有优教"的精彩转变，迎来了"基本均衡"到"全域优质"的跨越迈进。

（一）重投入、聚合力，教育供给持续提效

1. 组织保障

县委、县政府高度重视教育工作，成立县委教育工作领导小组，建立县

委常委会、党政班子双月工作交流会定期听取教育工作汇报机制。以创建国家义务教育优质均衡发展县为目标，成立创建国家义务教育优质均衡发展县和创建国家学前教育普及普惠县工作领导小组，把创建工作写入党代会报告和政府工作报告，列入县委、县政府推进教育现代化、办好人民满意教育的重大事项中，树立“教育第一”的优先发展理念，营造凝心聚力、敢为争先的创建氛围。

2. 政策支持

2017 年 2 月，常山县委、县政府以“一号文件”形式，出台了《关于大力推进教育质量提升工作的意见》。2020 年、2023 年又相继出台《关于大力推进教育高质量发展的若干意见》和《关于加快推进教育现代化建设三年行动计划》，每三年一轮明确提出教育发展要“三优先”“三倾斜”。即经济社会发展优先安排教育发展、财政资金优先保障教育投入、公共资源优先满足教育发展，领导力量向教育倾斜、领导精力向教育倾斜、有限财力向教育倾斜。同时，多次召开创建工作部署会、推进会，研究和解决推进教育优质均衡发展中遇到的困难和问题。

3. 部门联动

全县各部门立足职责职能，人大、政协先后成立课题组，调研常山县国家义务教育优质均衡创建和国家学前教育普及普惠情况。县教育局成立“两创”工作专班，对全县义务教育学校和幼儿园进行划片指导。县委编办、人社部门在人事编制缩减的情况下，优先保障教育编制，近 3 年，教育招录编制教师 237 人。发改部门优先安排教育项目。资规与住建部门优先保障教育建设用地，投入 13.46 亿元实施 59 个教育建设项目。团县委、妇联、民政等部门不断完善工作机制，加强留守儿童阵地建设，以贴心关爱、暖心帮扶促进留守儿童健康成长。

4. 投入保障

全面落实教育经费保障机制，将义务教育和学前教育经费全部纳入县财政保障范围，确保教育经费“二个只增不减”。2019 年至 2023 年常山县财政性教育经费投入分别为 7.66 亿元、8.84 亿元、8.59 亿元、11.62 亿元、10.51 亿元，另外通过政府专项债、土地出让金等多种渠道筹措资金，大手笔加速教育硬件建设，真正做到“穷财政办富教育”：投资 1.7 亿，新建改扩建 13 所幼儿园，实现“一乡镇一公办幼儿园”的全覆盖；争取政府专项债 1.5 亿元，新改扩建 18 所幼儿园；投资 2300 余万元，回购公建民营幼儿园 9 所；投入 3 000 余万元，回收民办幼儿园 16 所，截至 2024 年，公办幼儿园在园幼儿覆盖面已达 90.03%，位居全市第 1。投资近 9.8 亿，先后迁建芳村、同弓、五里 3 所农村小学，新建文昌、城南 2 所城区小学，改扩建龙绕初中等 10 所农村中小学，对招贤小学等 25 所学校实施“优学常山”校园改造提升工程，对 17 所农村学校厕所进行改造提升，实施常山三中等 3 个重点项目和白石小学等 9 个非重点项目建设。投资 4.7 亿，迁建衢州数字工业学校。投资 3.9 亿，迁建常山一中。为解决农村家长接送困境，创新推出早晚“托管＋接送”服务，投入 1 743 万元，新采购了 68 辆智慧专用校车，承担全县 22 所中小学 4 000 余名学生的上下学接送任务，在全省率先实现农村县域学校课后服务接送线路全覆盖。

（二）深改革、增活力，教育生态持续净化

1. 合作办学共融共享

教共体，即教育共同体，是一种旨在促进教育均衡发展的创新办学模式。它是支援校与受援校结对形成的办学共同体，实现资源共享、优势互补。这种模式的核心在于“以强带弱”，即利用优质学校的丰富资源和先进经验，帮助提升相对落后学校的教育质量，是教育领域“先富带后富”理念的生动实践。常山县坚持各学段全面开放合作办学，激发教育活力。一是“引水活源，借船出海”。近十年，常山县借助山海协作和对口支援平台，不断向外取经，向内改革，积极探索教育合作新模式。2014 年，引进杭州锦绣·育才教育集团，开展学前和义务教育全面合作办学，吸收“样样落实，天天坚持”精神，形成“环境不变、队伍不变，质量大变”的育才现象；2016 年、2022 年常山一中先后与慈溪中学、杭四中建立紧密型合作办学，通过管理人才援助、高考信息共享、“委培”骨干教师等方式，为高考质量提升“加码发力”；2017 年，与北大附属台州书生学校签署合作办学协议，推动常山县城关中学、常山县城南中学两所初中的办学水平进入衢州市公办学校前列；2021 年，引入海亮教育集团托管常山县城东中学，教育教学质

量实现新突破，推动学校向城区优质初中转型。与此同时，在吸收积累东部地区先进经验的基础上，基于山区县教育发展实际，全面启动义务教育集团化办学，组建 4 个初中教育集团以及 7 个小学教育集团，打通城乡优质均衡“最后一公里”，实现“以城带乡、以强带弱、优势互补”的发展格局。二是整体规划，分层推进。根据不同学段的不同特点和要求，先后印发 3 个实施方案，分阶段推进全域集团化办学。2022 年 1 月印发《深化初中段学校集团化办学体制改革实施方案》，2023 年 3 月印发《小学集团化办学实施方案》，2023 年 9 月出台《幼儿园集团化办学实施方案》。同时推进师资同盘、教学同研、培训同频、文化同系、考核同体、财务统一”等 7 个改革项目和“组织机构、体制机制、人员队伍、质量提升、运行经费、考评考核、氛围营造”7 个专项工作。三是强化保障，提质提优。在跨地区开展教育合作过程中，以制度保长远。坚持硬件和软件并重原则，在改善办学硬件条件、提升队伍建设水平等方面持续发力，确保教学质量稳步提升；坚持资金和智力并举，一方面按规定提供定额资金支持，另一方面通过“传”“帮”“带”等有效手段充分利用师资、管理优势；坚持重点和全面并进，集团化办学以学前教育和义务教育为重点，同时涵盖高中教育、职业教育、特殊教育和成人继续教育等领域，实现了学段全覆盖。

2. 深化课程教学改革

严格落实国家《义务教育课程方案和课程标准》，按照《浙江省义务教育课程实施办法（试行）》，实施教学内容的改革，开足开齐开好各项课程，全面提升学生素质。积极探索拓展性课程开发、实施、评价和共享机制，体现县域和学校特色，建立多元化评价体系，促进学生与社会的协调发展。截至 2024 年年底，研发开设校本课程 127 门。聚焦“双减”工作，义务教育学校 100％推行“5＋2”课后服务。《创“时间银行”，提升幸福指数》获省教育厅首批“双减”优秀实践案例、省“双减”年度十佳样本，“双减”工作经验做法在 2022 年中央教育工作领导小组《教育工作情况》单篇全文刊发。课程教学改革促成了学习方式和教学方式的转变，使获得知识与技能的过程成为学会学习和形成正确价值观的过程。

3. 深化教育数字改革

坚持数字赋能，三年来共创建市级智慧校园 13 所，县级智慧校园 27 所。2023 年县委县政府安排教育数字化资金预算 3 081 万元，同比增长 28%。“留守儿童呵护一件事”获得省教育数字化改革试点，留守儿童精准管护的做法得到民政部儿童福利司司长郭玉强的充分肯定，并得到常务副省长徐文光的批示。实验中学等 6 所学校获评省“人工智能＋教育”试点校。常山一小入选省级云上名校，芳村小学获得省级未来乡村学校试点，育才小学被列入国家智慧教育平台试点。2022 年常山县被评为省级“人工智能＋教育”试点县。

（三）强队伍、激活力，教师队伍持续优化

1. 强化师德师风建设

坚持师德第一标准，树立“教师是教育的第一资源”理念，弘扬尊师重教传统，健全师德师风建设长效机制。一是立规矩。创新实施师德“一课两书三单四制”工作机制，建立学生、家长和社会参与的师德监督机制，着力解决师德失范、学术不端等问题。出台《教师队伍建设“六个严禁”》《工作人员“八小时外”监督管理办法》等制度性文件 8 个。实施师德师风“驾照式”积分管理办法，严格师德考核和结果运用。二是树榜样。自 2019 年起连续六年开展师德教育主题年活动；推行教师宣誓制度，出台教师职业行为负面清单，持续开展一年一主题的师德专题教育；开展全国优秀教师寻访、“红烛奖”、“教育世家”、育人好团队和四有好老师评选等活动，让教师成为社会上最受尊敬的职业，让尊师重教蔚然成风。三是强治理。组织开展教师不当教育方式、有偿补课、违规吃喝等专项整治活动。对违反师德负面清单行为予以严肃查处，对每起案件进行全面复盘检查，并召开警示教育。

2. 优化教师队伍管理

积极探索人事制度改革，综合施策，不断激活师资队伍内驱力，提升队伍整体素质。2017 年，建立了教师储备员额制度，实施“加人加钱不加编”，此举大大缓解了当时教师数量不足的压力。2021 年，又全面实施学前合同制教师招考，有效地解决了实施学前教育补短提升工程以来，公办幼儿园扩增带来的教师编制不足问题。2022 年，在全省范围内率先实施了“事业单位岗位设置”改革，打破了原来岗位晋升“论资排辈”的格局，逐步形成了竞争上岗、优胜劣汰考核竞聘机制，破除了部分人才相对集聚、学校岗位晋升难的困局。

3. 创新教师队伍培养

常山教育紧扣“三支队伍”建设内涵，出台《关于进一步加强教育系统人才队伍建设的实施意见》《常山县名优教师培养管理办法》等一系列文件，实施常山县名特优教师培养计划，重点培育省特级教师、市名师和中青年骨干教师。一是抓领头雁。借助“山海协作”，抓牢校长“关键少数”和名师“头雁引领”，带动教师队伍、校长队伍整体提升。近年来，已培育正高级教师 3 人、“南孔精英”教育领军人才和省市教坛新秀 17 名。2023 年全面启动“定阳师韵 1521”名师、名校长培养工程，12 名特级、正高级教师培养对象与上城区、富阳区 12 位教育专家师徒结对；8 位校长入选市校长领航班和启航班培养。二是建后备库。借助“名师工作室”“专家工作站”等平台，组织选拔 235 名培养人选，建立名优教师后备库。创新赛马比拼、干将比拼模式，深化菜单式、聚焦式培训，对被选拔对象进行分类培养，力争每年培养 50 名 35 周岁以下学科拔尖青年教师。连续 15 年开展青年教师“3＋X”素养大赛，确保人才持续提能。三是促传帮带。深入推进中小学教师“县管校聘”和义务教育学校校长、教师交流机制、岗位晋升改革，持续深化城区教师下派支教、农村教师顶岗学习交流制度，积极推广跨学校、跨区域“一带多”“多带一”“师带徒”等成长共同体结对方式，促进师徒结对的现代转型，农村师资水平得到整体提升。

4. 深化人才引留机制

通过一系列优惠措施和激励机制，吸引和留住人才，促进教育人才在常山的聚集和发展。一方面，加大引才力度。常山以综合改革为契机推行“智汇常山”人才新政，完善教师补充机制，在公开招聘之外，不断增加提前招聘指标至 60％，现场直接签约，并将编制空间释放、一人一策等方略与“全职、定向、柔性”三种引进方式相结合，同时建立县领导联系学校机制，营造尊师重教氛围，确保引才阵地成功搭建。近三年，报考常山教师编制人数超 2 700 人，85 位本土师范生“回流”常山，62 名硕士毕业生通过提前招主动来常，山区小县完成了从无人问津到强势磁吸的历史蜕变；另一方面，探索留才机制。坚持引、育、留全面推进，不仅在“优绩重奖”原则下完善教师激励制度，健全考核评价机制，提高教师待遇，上调质量奖金、特岗津贴、日常福利发放额度，并且启动岗位改革和干部“跨界”使用快车，借助民办公办合作和学历攀登计划，畅通上升渠道，切实增强教育归属感。2017 年起，每年 400 多人次获评各类奖项，表彰总金额超 1 800 万元。优秀教师从想尽办法逃离到心甘情愿留下，彻底扭转人才流失局面，2023 年有 52 名中学教师在常申硕。

（四）树品牌、提能力，教育底蕴持续沉淀

1. 党建统领塑品牌

持续深化党组织领导的校长负责制，不断擦亮“护旗手”党建品牌，目前全县五星级党建品牌学校有 25 个，四星级 12 个。实施学校“党建提质”行动，积极打造新时代教育党建高地。通过党建擂台赛、校级领导综合考评、书记校长“大比拼”等活动，不断将红色根脉强基工程向纵深推进。完善党建带团建、队建机制，启动学校团队工作“1239”执行力提升年活动，建立贯穿学生成长全过程的党团队一体化阶梯式培养的常山模式。持续深化“清廉学校”创建，获评第二批省清廉学校建设示范校 1 个，市清廉建设成绩突出单位 2 个、市清廉学校示范点 10 个。

2. 五育并举促成长

坚持将五育并举落实到立德树人各个环节、各个方面。建立各类学生社团 465 个，创建省级劳动实践教育试点学校 4 所，省级优秀劳动基地 1 所，市级科普教育基地 14 所，县级优秀劳动基地 21 所，多渠道培养学生的劳动实践能力。实验小学荣获 2022 年度“全国优秀少先队集体”称号，常山一小六 2 中队荣获省优秀少先队。紧紧围绕数字成长档案袋，精准画像小学生综合素质评价，积极探索基于五育并举的评价体系建设。2022 年，常山县被确定为小学生综合素质数字化评价省级试点。2023 年，天马一小教育评价案例获省教育厅教育评价改革典型案例。

3. 一校一品提内涵

制定出台《进一步深化义务教育段校园文化建设的实施意见》，按照

“微改造、精提升、强管理、大变样”的工作思路，大力实施校园文化提升工程，评选县级“10＋4”十个典型优秀校园文化案例，形成“一校一特、百花齐放”生动格局。现有省级文明校园 3 所，市级文明校园 18 所，县级文明校园 29 所。域内学校获得市级以上特色校、品牌校称号等 20 余项。其中，实验小学、湖东小学分别获评全国和全省青少年校园足球特色学校。持续开展“非遗传承进校园”活动，拥有省第二批非物质文化传承教学基地 1 个，市级非物质文化传承教学基地 4 个。

四、主要成效

一是教育质量持续攀升。2017 年以来，全县中考实现“七连升”，由最初的全市倒数第一到全市第二，实现移位争先目标；高考实现“六连增”，2022 年、2023 年、2024 年三圆“清北梦”。2023 年常山入选浙江省义务教育阶段全域教共体（集团化）办学试点。2024 年初，中国教育报联合中国教育发展战略学会区域教育专委会面向全国征集“区域教育高质量发展案例”。经过多轮严格慎重的专家审核，遴选出 120 个案例作为“中国教育报区域教育高质量发展实践案例”。其中，常山县案例《常山县借力山海协作平台打造跨地区教共体“城乡互动型”新模式》入选推动教育综合改革主题典型案例，全国仅 60 个。

二是综合考核业绩突出。2023 年，常山“学前双普县”创建高分通过省评，“义教优均县”创建 100％达标，省评获优秀，是全省唯一“两县创建”全部通过省评的县。2023 年基础教育生态监测得分 84.97 分，位列全市第 1，教育业绩综合考核获市一等奖，位列全省第 22 名。“无限爱”留守儿童关心关爱案例获财政部、民政部以及常务副省长徐文光等领导批示肯定；小规模学校撤并、学前教育薄弱园整治先后得到副省长卢山和市委书记高屹 2 次批示肯定。2024 年常山获评“浙江省完善普惠性学前教育保障机制试验区”。

三是优学常山全面打响。常山教育振兴“一号工程”经验做法多次在浙江教育报、中国教育报等头版报道。《创“时间银行”，提升幸福指数》获省教育厅首批“双减”优秀实践案例、省“双减”年度十佳样本。教育典型案例在浙里改《竞跑者》刊发报道，天马一小数字评价体系《以“数”为媒，“柚”见成长》入选浙江省第三批教育评价改革典型案例。2023年教育综合考核获市一等奖，职成教发展考核全省一类地区第一名，荣获一等奖，全市唯一。成立衢州职业技术学院常山校区，开启中高职一体化办学模式。学前教育补短提升工程获省政府督查激励考核第5名。教育振兴“一号工程”经验做法在《浙江教育报》4月4日头版整版报道，反响热烈。2月27日，浙江之声《金牌教育圈》专题采访常山教育，扩大了常山教育的影响力和美誉度。教育振兴解开生源回流密码，为常山三年人口增长2.8%作出了教育贡献。

五、经验启示

一是大海航行靠舵手。党委政府的高站位和敢做有力保障了常山教育的高质量发展。一方面，常山县委县政府始终坚持把振兴教育当作“一号工程”来抓，凝全县之心、聚全县之财、举全县之力，把推进教育优质均衡发展作为构建优质均衡基本公共教育服务体系、更好满足人民群众对优质教育期盼的一项重大民生工程抓紧抓实。围绕教育高质量发展目标，在组织领导、责任担当、制度创新、补齐短板、教育投入等工作上敢为人先，勇于作为，确保各项工作求实求真求效。2023年常山县成为全省唯一“两县创建”全部通过省评的县，这一成绩，既是党委政府敢为人先和坚强领导的结果，也是全县上下齐心协力、攻坚克难的成效。另一方面，常山教育完善党组织领导的校长负责制，全面实施学校“党建提质”行动，持续擦亮“护旗手”党建品牌，深化“一校一品”创建。常山教育在党建统领下，紧扣教育现代化“八大行动”，创新有为，善谋善干，持续擦亮“优学常山”金名片，奋力谱写常山教育高质量发展宏伟篇章。

二是百年树人谋长效。教育优质均衡发展是一项长期性、系统性的工程，基础教育高质量发展迫切需要建立良好的长效机制予以充分保障。首先是建立改善办学条件长效机制。努力构建覆盖全面、保障有序、优质均衡的教育公共服务体系，不断完善基础教育管理体制机制，推动相关政策制度的持续完善，扩大优质教育资源供给、改善学校办学条件，以制度建设促进办学治校的规范化、法治化、正规化。其次是建立教育经费保障长效机制。认真落实县级财政对教育投入责任，严格落实国家和省市教育经费投入政策，依法加大财政性教育经费投入力度，切实做到“两个只增不减”，保障教育重大项目实施和学校建设发展。再次是建立教师队伍发展长效机制。坚持引、育、留全面推进，坚持中小学教师编制标准，加大音体美等学科教师补充力度，以省特级教师、市名师、骨干教师、农村教师、新入职教师和紧缺学科教师为重点，持续强化教师培养培训，深入推进教师轮岗交流，优化教师队伍整体结构。最后是建立教育改革发展长效机制。认真分析研究教育优质均衡发展新形势和新要求，着力推动义务教育由注重资源配置基本均衡向更加注重内涵建设的高水平均衡方向迈进，推动教育理念、教育管理、教育技术等方面变革创新。

三是众人拾柴火焰高。“心往一处想，劲往一处使”，全社会齐心协力，共同推动着常山教育的跨越式发展。县委、县政府高度重视教育工作，成立县委教育工作领导小组，党政主要领导多次亲自开展调研、亲自听取汇报、亲自研究解决问题，为教育高质量发展提供了强有力的组织保障；全县各部门积极履行职责，人大、政协深入调研，编办、人社部门优先保障教师编制，发改、资规、住建部门优先安排教育项目和用地，团县委、妇联、民政等部门加强留守儿童关爱，共同助力教育高质量发展。同时，作为加快发展的山区县，社会爱心力量在支持常山教育高质量发展中也扮演着重要角色。企业和慈善组织通过捐赠资金、物资、技术等形式，为学校提供必要的教育资源。多方力量的积极参与和无私贡献，形成强大合力，为教育的优质均衡发展注入了新的活力，共同推动了教育事业的进步和社会的和谐发展。

六、未来展望

一是教育有底气。一方面，在教育布局优化调整基本完成的基础上，美丽校园、智慧校园、现代化学校建设力度得以加大，老旧硬件设备转型升级得以加速，县域优质教育资源均衡配置得以强化，教育资源总量得以扩大，优质教育资源供给不足问题从根本上得以破解。另一方面，党政协同、县域统筹、部门配合、分工合作的协作机制持续给力，确保教育项目优先规划、经费优先安排、用地优先保障、人才优先支持、待遇优先落实，教育工作中出现的新情况、新问题迎刃而解，常山教育改革既有机制保障又有动力源泉。

二是教育有生气。一方面，全域推进集团化办学，激活教师队伍循环流动，完善考核评价制度，优化教育集团化办学模式，巩固和深化教育集团化办学成果。另一方面，深化“1521”名师名校长培养工程，加速扩充常山名师团队；深化“两专”干部培养，拓宽干部晋升渠道，大胆启用培养成熟的年轻干部、后备干部，加快年轻校长成长；持续开展校级领导及副校级领导综合考评，动态运用考评结果，提升干部干事创业激情活力；健全教师激励机制，落实在职教师学历提升，适当提高骨干教师比例，通过个性化研修、师徒结对、互访交流等方式，让每一位教师都能清晰了解到自己的职业发展定位及目标，形成一人一跑道，在实践淬炼中加快成长。

三是教育有骨气。一方面，持续开展师德师风专题教育，牢固树立底线意识；开展专项整治行动，完善常山县师德师风负面清单；开展“育人好团队”“四有好老师”评选表彰活动，培育一批师德高尚的先进典型。努力营造和维护“教师学高身正、学校清正廉明、社会尊师重教”的良好教育生态。另一方面，着眼公平普惠，推进教育均衡化发展，全面实现教育质量争先进位，培养更多学子走进国内外一流的大学，让学生、家长和老师共享教育成果，持续擦亮“文峰书香，优学常山”金名片，推动常山教育事业迈上更高水平，提升常山教育人的美誉度、获得感和幸福感。教育振兴初心不改，教育未来必创新的辉煌。

一项政策引发全网关注

一、案例概述

家家都有小，人人都会老。“一老一小”牵动着亿万家庭，是全社会普遍关注的民生问题，也是民生建设和人口发展的核心议题，事关中国式现代化的质量。

在民生事业发展上，敢于不断突破的常山打出了一系列政策组合拳。在“一老”事业方面，2018 年，常山县大胆探索，率先制定“孝老标准”，出台“幸福爷爷·快乐奶奶”行动方案，成为常山推动基层社会治理的有力抓手。党员干部带头签订“孝老承诺书”，各乡镇街道、行政村积极行动响应，将“孝老标准”纳入村规民约。此外，常山还将每年“5·20”设为敬老日，为老年人上门免费体检、建立个人健康档案；在“12345”热线设立孝老服务专线；每个乡镇（街道）至少配备一名“孝老公益律师”等。

在“一小”事业方面，2021 年，中华人民共和国民政部为深入贯彻落实党中央、国务院关于未成年人保护工作的重大决策部署和《中华人民共和国未成年人保护法》，全面总结推广各地未成年人保护工作的实践经验和有效做法，充分发挥示范引领、典型带路、辐射带动作用。常山县以此为契机，在县委县政府的主导下，带动全县“一小”事业的整体协调发展和多点开花结果。

二、案例缘起

面对日益严峻的人口老龄化形势，党的十八大报告中首次提出积极应对人口老龄化的政策，强调大力发展老龄服务事业和产业的重要性。党的二十大报告进一步指出："优化人口发展战略，建立生育支持政策体系，降低生育、养育、教育成本。实施积极应对人口老龄化国家战略，发展养老事业和养老产业，优化孤寡老人服务，推动实现全体老年人享有基本养老服务。"《党的二十届三中全会决定》提出："以应对老龄化、少子化为重点完善人口发展战略，健全覆盖全人群、全生命周期的人口服务体系，促进人口高质量发展。""一老一小"既是牵动千家万户的家事，更是关乎"国之大者"的大事。完善"一老一小"服务体系，是解决群众急难愁盼问题、促进人口长期均衡发展的重要基础。

常山县位于浙江西部，钱塘江源头，素有"四省通衢，两浙首站"之称。为推动民生建设和人口均衡发展工作，助力常山县打造"浙西第一门户"提供人文关怀、人口红利和可持续发展动力，历届县委县政府立足县域县情，进行调查研究与周密论证，围绕民生建设和人口均衡开展了大量工作。

在养老体系构建方面，常山县聚焦在以下五点：在应对策略层面，随着人口老龄化进程加快，构建多层次的养老服务体系尤为必要，包括居家养老、社区养老和机构养老等模式；在护理保险制度层面，探索建立和完善长期护理保险体系，以减轻家庭和社会的养老负担，提高老年人的生活质量；在智慧养老技术应用层面，研究智能化养老设备和服务在提升养老服务效率和质量中的作用，如智能穿戴设备、远程健康监测等；在老年人权益保障层面，更加关注老年人的法律权益保护，包括反虐待、反歧视以及经济、医疗、文化等方面的权益；在积极老龄化理念塑造普及层面，倡导积极老龄化观念，鼓励老年人参与社会活动，发挥余热，实现老有所为、老有所乐。

而在未成年人保护事业上，常山县主要聚焦于六个方面：在法律法规层面，随着未成年人保护形势的不断演化发展，常山县因势施策，出台多项具有针对性的法规政策，如《关于印发〈常山县"四省边际"未成年人感化教育基地建设方案〉的通知》《关于调整孤儿和困境儿童基本生活保障的通知》《常山县民政局等十五部门关于印发〈常山县留守儿童和困境儿童关爱服务质量提升三年行动实施方案〉的通知》；在工作机制层面，推动成立未成年人保护领导小组，建立保护工作协调机制；在机构设置层面，增设专门的未成年人检察机构；在保护体系层面，逐步构建起包括家庭保护、学校保护、社会保护、网络保护、政府保护、司法保护在内的全面保护体系；在教育和心理关注层面，要求学校、幼儿园等开展适合年龄的性教育，重点关注未成年人的心理健康问题；在新兴领域保护层面，面对电竞、剧本杀等新业态，探索完善监管体系，及时预防、消除潜在危害。

2023年8月，常山于全市率先出台了《常山县优化生育政策的若干措施（试行）》（以下简称《措施》）。《措施》涉及家庭、住房、机构三大与群众日常生活息息相关的方面，还从“婚、生、养、教”多维度提出20条生育支持措施，并明确了各项措施的责任单位。政策一经发布，便火爆出圈，其中一条“初婚夫妇奖励”更是引起多方关注和网友热议。该项奖励规定：对本县双方均为初次结婚登记且女方年龄在25周岁及以下的夫妇（至少一方为常山户籍），给予1000元的奖励。这一激励举措适时出台，不仅迅速刺激了社会及公众敏感的神经，其背后更折射出常山县委县政府融入大势、主动担当，积极寻求人口结构不均衡问题解决之道的干事创业精神，敢于发声、率先破局，以先行者的姿态建设“浙西第一门户”的使命担当。

三、做法成效

（一）“一十百千万”体系打造孝老之城

常山县坚持以人民为中心理念，在全国县级城市首个设立“5・20”常山敬老日，通过制定一套标准、办好十件实事、实施百村孝榜、开展千人结对、推进万众尊老的“一十百千万”工作体系，全方位打造“孝老之城”，着力提升老年群体的幸福感、获得感。

1. 养老服务设施有力提升

坚持“机构围着老人转”，拟定养老服务设施专项规划，投入3亿元建设4个社会福利中心和1个县级康养服务中心，扩大县乡养老机构、村社服务机构、医疗保障机构覆盖面，初步形成了以1个综合性康养服务中心、1个标准化公办社会福利院、3个区域性社会福利中心为主干，8家乡镇级养老机构为支撑，N个十五分钟养老服务圈为保障的“1138N”养老机构规划布局。

2. 老年助餐布局持续完善

新建幸福食堂50家、助餐点22个，全县幸福食堂达100家、助餐点60个，覆盖率达82%；重点打造“以老养老”运营模式，由老年互助协会承接，实现自我管理、自我服务、自我经营、自我造血，优先满足“不能烧、不敢烧、不会烧”三类老年群体就餐刚性需求，日均就餐服务超过3 000人次；配发送餐车40辆，构建送餐网络，保障特殊困难老人足不出户享受“爱心餐”，2024年6月上旬汛期爱心送餐工作被浙江日报刊发。

3. 养老服务体系持续迭代

养老护理员培育入选全省民政系统重大改革试点，近年来新增持证护理员近300名；在全市率先实施养老护理员岗位津贴制度，发放津贴7.92万，惠及121人次；2024年上半年为10 449名80岁以上老人发放高龄津贴459.9万元；投入150万元为全县60岁以上老年人落实意外伤害保险；实施170户困难老年人家庭“安居守护”工程，为660户困难老年人家庭进行适老化改造；推进“爱心卡”扩面，开卡数5.7万张，完成市级指标270%。

4. 孝亲敬老文化不断浓厚

在全国率先设立“5·20”常山敬老日，每年开展敬老系列活动；设立常山县“幸福爷爷·快乐奶奶”孝老关爱基金，在全县三分之一的村社设立慈善基金，近年来累计接受社会慈善捐赠2 000万元，帮扶老人近4 000人次；大力推进老年友好型社区建设，2024年1月，柚苑社区获评2023年全国示范性老年友好型社区。

（二）创新特困人员区域化集中供养机制

狠抓群众身边不正之风和腐败问题集中整治，实施特困人员“一院供养”改革，以规范化管理、集约化保障、专业化服务，全面提升特困人员幸福颐养水平，破解特困供养机构点位分布散、管理难度大、廉政风险多、服务水平低的突出问题，充分保障了600余名特困人员利益。目前，全县17家特困供养机构已整合为6家（2024年10月前将整合为2家），全面实施政府直营，民办机构特困供养“清零”。相关做法被省委主题教育办简报和

《反腐败导刊》刊发，并得到财政部党组成员、部长助理宋其超批示肯定。

1. 改革为先

出台《常山县特困人员区域化集中供养工作实施方案》，制定全县养老服务设施专项规划，投入2亿元建设四大社会福利中心，构建以区域型社会福利中心为主干、乡镇级养老服务中心为支撑的养老服务体系，奠定特困集中供养根基。

2. 安全为要

精细实施特困集中供养，减少特困供养机构11家，民办机构特困供养“清零”，平稳转运414人。现有6家特困供养机构100%政府直营，机构管理团队优、内部管控好、安全工作实，特困人员生活舒心、安心，2024年底前还将进一步整合，将特困供养机构减少至2家。

3. 民生为基

建立“幸福食堂”星级评定机制，深化“以老养老”可持续助餐服务，规范运营100家以上幸福食堂和60个以上助餐点，全年老年助餐配送餐服务达到62万人次以上。在饮食保障上，由民政、财政、供销社联合制定标准，按“菜篮子”最低价下浮20%采购食材，中晚餐保障“五菜一汤”；在就医服务上，与县人民医院医共体战略合作，机构内设驻点医务室，畅通就医“绿色通道”；在文娱生活上，“志愿助老”精准化、“文化孝老”常态化，开设“一米菜园”，实现“老有所乐、劳有所乐”；在护理照料上，配备专业团队，开设认知症照料专区，为失能失智等特殊老人提供精准化、专业化服务，满意度98%以上。相关做法，被省委主题教育办、《反腐败导刊》刊发，2024年，先后受到财政部党组成员、部长助理宋其超，常务副省长徐文光批示肯定。

（三）未成年人保护打出精彩系列“组合拳”

未成年人保护是一项重要而复杂的任务，在常山县委县政府的主导下，包括社会、家庭和学校等多方参与主体的社会合力和保护格局基本形成。为了更有效地保护未成年人的各项权益，常山县制定、出台并实施了一系列针对性政策及有效举措，涵盖了组织建设、机制体制、平台打造、教育感化等多个领域。

1. 政府主导，标定顶层设计高度

常山县政府通过财政投入、社会动员和资源整合等方式，为未成年人保护工作提供必要的物质和人力支持，在人、财、物上向未成年人保护工作倾斜，在教育、医疗、文化、体育等领域持续加强投入，满足未成年人的成长需求。在充分明确各部门职责和任务的基础上，统筹协调各部门配合，形成工作合力，建立健全县、乡、村三级未成年人保护工作领导组织，并在全市率先设立县未成年人保护中心，高效推进全县未成年人关爱服务工作。

2. 机制保障，强化关爱服务力度

投入近 1 000 万元，实现 14 个乡镇（街道）社会工作站、未成年人保护工作站全覆盖，2024 年 1 月白石镇未保站入选“浙江省未成年人保护工作站建设百佳案例”；配备 22 名乡镇儿童督导员、194 名村（居）儿童主任，每年开展业务培训，确保了基层未成年人保护工作有站点、有队伍、有抓手。完善城乡一体化、保障制度化、组织网络化、服务专业化的普惠型儿童福利体系，把孤儿和困境儿童纳入政府保障体系，为近 100 名残疾儿童提供基本康复服务。以公益创投项目引领社会组织参与未成年人保护，完成“焕新乐园”改造 208 家，发放“圆梦助学”经费 85 万元。

3. 创新赋能，拓展服务渠道广度

创新留守儿童关爱服务应用，针对性提供儿童学习、生活、心理等各方面服务，顺利上线“浙里办”；投入 3 000 余万元，全面升级校园智慧安防监管体系，投入 1 600 余万元，配备 65 辆智慧专用校车，打造平安校园；实施多渠道慈善帮扶，成功争取省青基会“壮苗基地”“希望小学”“希望书屋”等项目，筹集资金 600 余万元，受益未成年人近 2 000 人；打造常山县“四省边际”未成年人感化教育基地，通过精准化案情分析、暖心式感化教育、多元化社会实践、个性化帮带服务，解决问题青少年帮教问题，入选全市未成年人思想道德建设十大民生实事。

4. 末端发力，提升家庭保护温度

通过线下“幸福讲堂”、线上“云上讲堂”、学校“家教课堂”，立体化铺开婚姻家庭及育儿知识讲座；将学校保护向家庭延伸，常态化开展教师家访工作，深入发现问题，防范并化解因家庭问题而产生的未成年人权益受侵害的事件；组建“爱心妈妈”志愿队 3 600 余人，开展课外伴学、爱心厨房、亲情家书等关爱服务活动，累计开展关爱服务活动 2 000 余次。

（四）数字化建设助推一老一小再开新局

人口老龄化的加剧以及年轻一代对高质量教育的需求增加，利用数字技术为这两个群体提供更好的服务成为一个重要的议题。常山县紧跟时代步伐，创新地将省域、市域、县域数字化优势融入“一老一小”事业发展中，通过数据采集、功能归集拓展、平台开发联动等多种举措，为“一老一小”提供更多元化、更高效的服务和支持。

1. 搭建“常山孝眼”智慧养老应用

在全省率先推出“常山孝眼”应用，配置“一平台四系统”，为 23 家养老机构配置监控 300 余个，归集数据 10 万余条，可实现全天候无死角远程管控，为幸福养老、安全养老提供了支撑，极大地提升了监管、服务、保障能力。同时，基于“常山孝眼”应用，开展数字化居家养老“五心”服务，一体解决老人“医食住行乐”全方位需求，相关工作被中央电视台报道。

2. 打造“护理员一件事”应用

聚焦护理员市场规范化建设和服务水平提升，打造“护理员一件事”应用。为每位护理员构建家庭、品行、技能、健康、从业 5 类数字化档案，规范个人申报、资格初审、部门联审、综合会考、专项体检 5 项线上审批流程，根据个人“信安分”、职业经历等 6 方面内容，建立培训、考核、评价等全链条的云上管理体系。截至 2024 年，全县 282 人通过养老护理员职业技能培训，并全部纳入监管。

3. 创新“留守儿童呵护一件事”应用

民政、教育、公安、妇联等 9 个部门联动，守护未成年人“安行、舒心吃、全面陪、健康护、精准评”。特别是用好“智慧校车”，投入 1700 余万元，配备 68 辆智慧专用校车，满足全县农村 20 所小学 3 000 余名学生安全接送需求，年乘车人次超过 100 万，实现接送零事故。2023 年 3 月，相关做法被省委网信办《浙江网信》刊发。2023 年 12 月“留守儿童呵护一件事”入选教育领域数字化改革优秀应用。2023 年、2024 年连续两年在国办政务信息直达基层培训会上做数据赋能“一老一小”典型发言。

四、经验启示

（一）坚持民生导向，持续优化养老服务体系

1. 民生实事是抓手

深化服务内涵抓助洁，深化“爱心卡”服务，完成养老服务爱心卡系统终端设备对接和数据对接工作，确保年底完成指标要求的使用人数，开展优惠活动和体验活动，建立助洁服务需求动态监测机制，及时发现新增的服务对象，拓展助洁服务内容，确保应助尽助。

2. 民生小事是关键

推进乡镇级康养联合体全覆盖，为老年人提供更加全面、优质的康养服务。开展“为您理银发”活动，在山区乡镇培养培训一批乡村理发师，开设1个固定点位，N个流动理发店，全面落实困难老人、失能老人理发难问题。

3. 项目推进是基石

继续深化“1138N”养老服务体系建设，年内完成县康养服务中心、县第四社会福利中心项目的验收工作。县第三社会福利中心投入使用，持续推进特困人员“一院供养”，完成东片区特困对象集中入住，加快推进公办敬老院委托经营工作，优化资源配置，提升服务水平。

（二）注重高效融合，构建多元化救助体系

1. 建设社会救助服务联合体

推进县级社会救助服务联合体规范化建设，依托“浙有众扶”应用实现社会救助线上线下高效联动，促进困难群众需求端和救助资源供给端有效链接。不断完善服务项目和内容，建立社会救助对象服务清单，为困难群众提供及时、便捷、高效的社会救助服务。

2. 提高基本生活救助保障标准

落实全县最低生活保障标准动态调整机制，最低生活保障标准增长幅度不低于上年度人均可支配收入增长幅度；特困人员基本生活保障标准和照料护理标准全面落实。发挥临时救助“救急难”作用，增强应对突发困难的及

时性、有效性。确保年低保标准达到13 200元以上。

3. 构建多远救助帮扶格局

发挥群团组织在弱势群体帮扶工作中的重要作用，积极推动各类市场主体和社会组织参与社会救助，有效扩大社会救助服务供给。提升慈善基地服务功能，持续推动慈善信托发展，到2024年底慈善组织数量累计达到8家，慈善信托金额新增30万元以上。

（三）探索老人集聚，持续提升保障水平

1. 统筹全域养老布局

重点打造3家区域养老机构+8家街道养老机构（老年公寓）；新增2家医养结合型养老机构，完善养老机构医疗护理服务功能。建设乡镇（街道）级居家养老服务中心19处，完善嵌入式居家养老服务设施，加强180个行政村和14个社区居家养老服务（照料）中心功能建设。

2. 提升机构服务能力

扎实开展特困供养领域不正之风和群众身边腐败问题集中整治工作，进一步加强供养资金管理，重点完善特困人员医疗保障政策措施，完善民办养老机构的管理制度和准入标准，重点聚焦消防安全、食品安全、资金安全、服务质量等工作，联合应急、住建、消防、市监等部门出台养老机构规范整治有关文件，以安全服务为底线整治一批、提升一批、注销一批，在综合治理上下功夫，让机构养老更加安全安心。

3. 整合盘活资产活力

继续盘活特困供养集中供养后的乡镇养老服务中心，因地制宜引进第三方力量，拓宽社会老年人多元化养老服务，利用闲置学校、卫生院、国有资产、安置房等资源，结合农民集聚政策，整合住建、农业农村、民政、乡镇等单位力量，区域化设置老年公寓，以无产权安置形式确保老年人下山。如球川镇可利用兴贤社区望川苑安置区的空置房改建老年公寓，芳村镇可利用原养老服务中心改建成老年公寓等等。

（四）银发经济先行，激发银龄群体发展动能

1. 拓展银发经济涵盖领域

银发经济是指围绕老年人群体所产生的经济活动和服务，涵盖了从健康服务、养老服务到旅游娱乐等多个领域。银发经济的受众主体是老年人群体，首先要深入了解需求，通过调研了解老年人的实际需求，包括他们的生活习惯、兴趣爱好、健康状况等，以便提供更符合他们需要的产品和服务。其次要关注细分市场，银发经济不仅仅是养老，还包括了娱乐、旅游、健康等多个细分市场，针对不同的需求开发相应的产品和服务。再者，作为主要推动者的政府一方，应出台有利于银发经济发展的政策，比如税收优惠、补贴措施等，以吸引更多的企业和投资者进入这一领域。要及时有效地明确银发经济的发展方向和目标，制定长期发展规划，确保资源的有效配置。

2. 发挥银龄人力资源优势

将银龄劳力视为老年助餐服务的重要参与者和推动者，通过建立老龄协会，实施“以老养老”，加强培训和教育，提升银龄群体的专业素养和服务能力，使他们能够更好地适应老年助餐服务的需求。政府与社会力量携手合作，搭建一个集信息发布、技能培训、岗位匹配等功能于一体的银龄劳力再就业与老年助餐服务对接平台。通过该平台，银龄劳力可以便捷地了解老年助餐服务的需求和岗位信息，同时老年助餐服务机构也能快速找到合适的银龄人才。政府出台相关政策，为银龄劳力参与老年助餐服务提供必要的政策支持和激励措施。例如，设立专项基金用于补贴银龄劳力的培训和工资支出；为银龄劳力提供社会保险和福利待遇的衔接方案；对在老年助餐服务中表现突出的银龄个人或团队给予表彰和奖励等。启动“银龄助餐”计划，鼓励和支持有厨艺特长、健康管理知识的银龄人士参与老年助餐服务的研发、制作和指导工作。通过师徒结对、经验分享等方式，将他们的传统厨艺和健康管理知识传授给年轻一代的从业者，促进老年助餐服务的可持续发展。

3. 有力激发“享老”内生动力

激发享老内生动力，其本质在于激发老年人积极参与社会生活、追求个人成长和发展的动力，是一个包含多维度体系的社会重点问题。首要的是增强老年人的自我实现感，通过提供适合老年人的活动和学习机会，让他们感受到自我价值和社会认可，从而激发内在动力。在这一过程中，社会环境的营造也尤为重要，创造一个可预期的市场环境和政策支持，鼓励老年人参与社会活动，增强他们的安全感和获得感。动力的持续需要依靠一定的激励和激发，通过建立和完善针对老年人参与社会活动的激励机制，包括表彰、奖励等，以增强他们的参与动力。

五、未来展望

（一）服务保障系统更加优化

一老一小作为社会民生事业的重要构成部分，其蓬勃发展离不开一个良好循环系统的持续优化和不断支持。在常山县委县政府的主导领航下，持续聚焦老龄事业，一个居家社区机构相协调、医养康养相结合的养老服务体系基本形成，高质量、多样化、多层次的养老服务需求能够有效满足。通过大力发展普惠托育服务体系，一个结构渐趋完善、运行渐趋流畅的生育、养育、教育政策支持体系基本形成。常山众多家庭间所面对的生育、养育、教育负担等问题显著减轻，常山县域内青年群体“不愿生、不敢生”问题和“养不起”的后顾之忧得到有效解决，生育潜力进一步释放、养育质量进一步提升、教育伟力进一步彰显，生育友好型社会有力建成。

（二）政府企业市场高效联合

常山政府在“一老一小”事业发展过程中顶层设计作用得到进一步发展和发挥，通过强化责任落实，将养老托育更好融入到常山县社会治理的结构和体系当中，“政策推动”和“兜底保障”两只有形的手配合更为默契。众多民营企业作为养老托育事业的活跃主体之一，在养老托育事业方面，一方面通过公建民营、自建自营等诸多方式参与进来，发展支撑力量得到进一步增强。另一方面，在政府税费减免、贷款支持等方面得到帮助，参与活力进一步释放。市场在资源配置中起决定性作用的能效进一步发挥，在需求导向的刺激下，各类社会资源向养老托育领域高效流动配置。

（三）需求导向机制协同顺畅

随着国家“三孩生育政策”的实施，在常山县出台《常山县优化生育政策的若干措施（试行）》的刺激引导下，社会家庭层面对婴幼儿托育服务的需求将持续增加，且明显表征出愈发精细化、高端化、品牌化的趋势。随着托育服务的发展和各级各类主体的广泛宣传，公众对托育机构和服务的认知度逐步提高，整个社会对托育服务的接受度和信任度不断上升，由此催生出除传统家庭养育之外的新的模式和业态，包括社区托育、幼儿园延伸服务、企业福利托育、家庭邻托和上门服务等，以满足不同家庭的需求。

随着老年人口的增加，养老服务的需求将持续增长，首先，在传统居家养老的基础上，随着公办养老院、民办养老院、家庭照料等模式的探索和实践，社区养老服务以及机构养老服务等多种养老形式相继涌现。其次，在老年人对健康护理和生活照料的综合需求刺激下，医疗和养老服务的模式的融合将得到进一步发展，医养、康养事业得到有效发展。

（四）智慧服务平台精准赋能

随着政府和企业对养老托育事业领域的不断细分，数字化赋能“一老一小”的成效不断凸显，服务质量和管理效率得以进一步优化提升。在国家层面，出台一系列政策，例如《国务院办公厅关于促进养老托育服务健康发展的意见》等，鼓励发展智慧养老托育新业态，推动信息技术和智能硬件在养老托育服务中的深度应用。在养老方面，通过“互联网＋养老服务”模式，依托互联网、大数据、人工智能等技术加持，老年人可以享受到更加个性化、安全、舒适的服务，同时也为养老机构提供了更高效的运营模式，数字化不仅提升了养老服务的效率，同时也促进了服务方式的创新。在托育方面，通过建立和完善信息平台，提高托育服务场景的可视化程度和参与程度，家长对托育机构的信任感进一步增强，服务的覆盖面得以有效扩大。

一朵月季赋能城乡蝶变

一、案例概述

常山县新昌乡郭塘村是近年来浙江衢州远近闻名的一个网红村，借着乡村振兴战略的东风，郭塘村用一朵月季花让风景如画、产业兴旺逐渐成了现实。首批浙江省AAA级景区村、浙江省休闲旅游示范村、浙江省美丽乡村特色精品村等一个个招牌，述说着这些年来郭塘村在探索共同富裕新征程中流下的汗水、取得的成就。2013年以前，郭塘村村庄环境脏乱差，信访矛盾突出，村集体经济为零，发展停滞不前。2013年张荣任党支部书记后，基于多年从事环保行业的丰富经验，发挥乡贤力量，践行“两山论”，创新“环保兴村”模式，以“产业景区化，景区产业化”为导向，带领全村人建光伏、种月季、做旅游、搞经营。从利用废旧物品美化村容村貌，到引入屋顶光伏发展低碳能源，再到将月季作为主导产业，推出“公司＋农户＋基地”的共富模式，建立起百亩月季共富花园、月季低碳智能育苗中心、全球月季数字化展销中心等，实现一根刺到一朵花到一个产业再到一个村庄景区的蝶变。

二、案例缘起

（一）政策背景

1. 浙江打造文旅深度融合景区

为了确保浙江省的景区城和景区镇建设能够更好地满足现代旅游发展的

需求，提升旅游体验质量，同时保护和传承当地的文化和自然遗产，促进旅游与文化的深度融合，实现经济、社会和环境的可持续发展，浙江省通过印发《浙江省景区城建设指南（2023年修订版）》和《浙江省景区镇（乡、街道）建设指南（2023年修订版）》，对建设景区城、景区镇（乡、街道）提出了具体要求，明确以县（市、区）建成区为景区城范围，地方文化特色鲜明、人居环境优美和谐、公共服务普惠完善、休闲业态丰富多元、综合治理井然有序的宜居、宜业、宜游区域为景区城。同时，景区镇建设指南要求以集镇为核心，辐射整个建制镇（乡、街道），坚持全域景区化，体现环境美、生活美、人文美、产业美、治理美，凸显自然山水格局和当地历史人文特色，塑造人与自然和谐共生、镇景融合的宜居、宜业、宜游空间为景区镇（乡、街道）。这些举措旨在推进景区城、镇高质量建设，实现产业景区化、景区产业化的目标。

2. 常山打造特色产业品牌

为加快建设"浙西第一门户"，聚力培育壮大胡柚、香柚、食用菌、中药材、茶叶、小水果、粮食、瓜果蔬菜、畜牧、花卉种植等县域农业特色产业，加快形成"一县一业、一乡一特、一村一品"特色优势，常山县政府通过印发《关于加快乡村振兴（农业特色产业）高质量发展的若干政策意见》做好"土特产"文章，推动农业产业高质量发展，促进农民增收，助力共同富裕示范区县域典范建设，不仅有利于挖掘和发挥乡村资源潜力，提升农产品附加值，还能够增强乡村产业的市场竞争力和可持续发展能力。通过政策支持，可以引导农业特色产业向高端化、品牌化、绿色化方向发展，深入挖掘地方资源优势，培育具有地域特色的农产品品牌。鼓励和支持农民合作社、家庭农场等新型经营主体，依托本地资源，发展小种类、多样性特色种养，打造"一乡一特"、"一村一品"，为农民增收开辟新途径，为乡村全面振兴奠定坚实基础。

（二）基本情况

郭塘村位于常山县新昌乡西部，村区域面积约9平方千米，耕地面积812亩，山林面积4 297亩，依山傍水，风景秀美，县道X505贯穿全村，黄衢南高速穿境而过，交通便利。现辖郭塘、蕉坞、瑶岭3个自然村，全村共768户，共2 276人，党员71名，村民代表75名。曾经，郭塘村是一个典型的“三无”贫困村：无集体收入、无产业支撑、无人气活力。村庄环境长期饱受脏乱差之苦，基础设施薄弱，村民生活贫困，收入水平低下，思想观念相对落后。此外，由于资源匮乏、历史底蕴不足及缺乏独特的地理优势，郭塘村一度成为信访矛盾的高发地，村集体经济长期处于负债状态，是典型的“空壳村”。面对这样的困境，郭塘村面临着前所未有的挑战，亟待寻求变革之路。

1. 资源要素分析

尽管初始条件艰苦，但郭塘村仍蕴藏着未被充分挖掘的潜力：①自然资源。尽管不具备显著的地理优势，但郭塘村拥有未被污染的自然环境和相对完整的生态系统，为发展乡村旅游、生态农业提供了基础条件。②人力资源。村民勤劳质朴，具有较强的学习能力和适应能力，在政府和社会的引导下，能够迅速转化为推动村庄发展的重要力量。③政策资源。随着国家乡村振兴战略的深入实施，郭塘村获得了各级政府的高度重视和政策支持，为村庄发展提供了有力的政策保障。

2. 问题与挑战

①经济薄弱。村集体经济长期为负，缺乏稳定的收入来源，无法有效支撑村庄基础设施建设和公共服务提升。②环境脏乱。村庄环境亟待改善，垃圾处理、污水处理等基础设施严重滞后，影响村民生活质量和外来游客体验。③产业空白。缺乏特色产业支撑，村民收入渠道单一，增收难度大。④思想落后。村民思想保守，对新事物接受度低，缺乏创新和发展的内生动力。

3. 解决措施与成效

面对上述问题和挑战，郭塘村充分利用现有资源，提出了一系列切实可行的解决措施：①环境整治。启动村庄环境综合整治行动，清理垃圾、治理污水、美化村容村貌，提升村庄整体形象。②产业培育。依托自然资源优势，发展乡村旅游和生态农业，打造特色农产品品牌，实现产业从无到有、从有到优的转变。同时，引入外来投资，合作开发乡村旅游项目，拓宽村民增收渠道。③思想引领。加强村民思想文化教育，举办各类培训活动，提升村民文化素质和技能水平。同时，积极引导村民树立开放包容、创新发展的思想观念，增强内生发展动力。④集体经济发展。通过盘活村集体资产、发展特色产业等方式，壮大村集体经济实力。建立健全村集体经济管理机制，确保集体资产保值增值，为村庄可持续发展提供坚实支撑。

经过十年的不懈努力，郭塘村实现了从“信访村”到“和谐村”、从“脏乱差”到“省AAA级景区村”的华丽蜕变。村集体经济持续壮大，村民收入水平显著提高，村庄面貌焕然一新，成为乡村振兴的典范。未来，郭塘村将继续坚持绿色发展理念，深化产业融合发展，努力将自身打造成为宜居宜业宜游的美丽乡村。

二、做法成效

（一）“化蝶”前身：巧用山海协作输血帮扶

1. 光伏项目启航，集体经济创收

自2018年起，郭塘村迎来了前所未有的发展机遇，其华丽转身的序幕在浙江省“千企结千村、消灭薄弱村”专项行动的推动下缓缓拉开。在这一历史性的时刻，郭塘村与浙能集团携手共进，开启了深度合作的崭新篇章。双方共同策划并实施了具有里程碑意义的光伏“消薄”项目，这一创新举措对接了乡村振兴的迫切需求，同时因地制宜，精准施策，为郭塘村的未来发展注入了强劲动力。光伏项目的实施，是郭塘村资源优化配置的生动实践。项目组充分利用了村内丰富的屋顶资源，覆盖了130多户农户的屋顶，同时巧妙地将部分闲置土地转化为绿色能源的生产基地，建设起了一座座光伏发电站。这些光伏板在阳光下熠熠生辉，不仅美化了乡村景致，更成为郭塘村通往富裕之路的“金钥匙”。随着项目的顺利推进，一座座光伏发电站迅速建成并成功并网发电，其效率之高、效益之好，在全省范围内都堪称典范。郭塘村因此一跃成为项目落地迅速、投产见效快、经济效益显著的佼佼者。光伏项目的成功运行，极大地促进了村集体经济的增长，截至2023年10月底，浙能集团通过产业帮扶已建成7.584兆瓦光伏发电站，实现集体经济创收800余万元，为新昌乡踏上由“消薄”迈向“共富”的精彩蝶变之路提供

了充足的“源头活水”。这笔资金不仅为郭塘村的日常运营提供了有力保障，更为其后续的基础设施建设、产业发展以及民生改善奠定了坚实的经济基础，铺就了一条通往可持续发展的光明大道。

2. 月季产业崛起，山海协作共富

在光伏项目取得成功后，郭塘村并没有停下前进的脚步。2019 年，利用光伏项目带来的“第一桶金”，郭塘村将村民闲置的 100 亩土地统一流转到村集体，并引进了月季种植技术。然而，面对资金短缺的困境，慈溪赴常山挂职干部团队及时伸出援手，牵线慈溪市的民营企业与郭塘村结对帮扶，捐赠了 200 万元成立“共同富裕”孵化基金。加上山海协作资金的支持，郭塘村的月季花产业得到了快速发展。从一根刺到一朵花。浙能集团助力郭塘村立足本地自然资源优势，挖掘低碳农产品价值，通过多次调研实地考察，找准切入点，成功利用本地野荆刺嫁接月季花卉，将无人问津的野荆刺变废为宝，焕发经济新景。从一朵花到一座花园。郭塘村从河南引进大批月季花苗，通过盘活闲置土地资源，与浙能集团一同打造了 150 多亩基地，建立月季共富花园，预计每年可为村民增收 80 万元，直接为村集体带来经济效益约 150 万元。此外，浙能还通过创新推广认领月季种植园模式，帮助郭塘村牵线销售月季苗木，累计销售超 130 余万元。从一座花园到一个产业。浙能全面助力郭塘村探索实践“公司＋农户＋基地”的共建共享共富模式，投入 250 余万元建成占地面积 3 亩的“郭塘月季共富工坊”，其中包括 1 个月季低碳智能育苗中心和 1 个全球月季数字化展销中心，并以光伏发电作为绿色电源保障，每年可节省电力能耗成本约 6 万元。郭塘村依托月季打造“网红”景点，将农业、文化、旅游等产业有机结合，推动乡村旅游繁荣，带动农村高质量发展。新品种的培育、种植技术的提升以及市场的拓展，都让月季产业成为郭塘村的一张新名片，带动了村民的增收致富。

3. 规划提升融合，探索共同富裕道路

在山海协作战略的持续推动下，郭塘村不仅注重短期经济收益的提升，更着眼于村庄的长远发展。慈溪赴常山挂职团队积极牵线中国美院为郭塘村进行村庄整体规划提升，致力于打造“产文旅”融合示范型乡村。通过以下措施：①整合村庄资源：对村内闲置土地、低效利用土地进行统一规划和管理，通过土地流转、合作经营等方式，实现土地资源的优化配置和高效利用。同时深入挖掘和整理郭塘村的历史文化、民俗风情等文化资源，打造具有地方特色的文化品牌，提升村庄的文化软实力。②产业布局优化：在月季花产业的基础上，进一步拓展产业链条，发展月季深加工、乡村旅游等相关产业，形成多元化的产业格局。并结合市场需求和村庄实际，积极引入现代农业、电子商务、文化创意等新兴产业，为村庄经济发展注入新活力。同时推动月季花产业与乡村旅游、休闲农业等产业融合发展，打造“产文旅”融合示范型乡村。③旅游品质提升：加强旅游交通、住宿、餐饮等基础设施建设，提升旅游接待能力和服务水平。依托月季花产业和乡村特色资源，开发具有地方特色的旅游产品，如月季花观赏、采摘体验、乡村民宿等。并通过线上线下相结合的方式，加大旅游营销推广力度，提高郭塘村的知名度和美誉度。通过以上具体措施，郭塘村在“规划提升融合”方面取得了显著成效，逐步实现了从美丽乡村向美丽经济的“蝶变”。同时，郭塘村还积极与慈溪市新浦镇等地开展结对帮扶合作，在低收入农户增收致富、产业发展、农产品销售、青少年教育等方面取得了显著成效。这一系列举措不仅促进了郭塘村的全面发展，更为其他地区提供了可借鉴的共同富裕发展路径。

（二）“破茧”困境：迭代产业重塑转型阵痛

1. 乡村缺乏支柱产业，历经“空壳”之痛

郭塘村，一个曾经集体经济收入几乎为零的“空壳村”，面临着发展的巨大困境。然而，正是在这片看似贫瘠的土地上，孕育着新生的希望。随着乡贤回归的村党支部书记张荣的到来，郭塘村迎来了转机。张荣书记凭借敏锐的洞察力，看到了月季种植在郭塘村的巨大潜力。他利用大山里随处可见的“荆刺”，创新性地提出了嫁接月季的构想，为郭塘村的发展开辟了一条新路径。然而，月季产业的发展并非一帆风顺。在初期，资金短缺成为制约发展的主要因素。郭塘村积极寻求外部支持，最终借助山海协作平台，成功争取到了乡村振兴援助资金和企业援助资金，为月季产业的发展注入了新的活力。为解决土地问题，郭塘村将村民闲置的100亩土地统一流转到村集体，扩大了月季花的种植范围和种植规模。这一举措不仅有效利用了土地资源，也为月季产业的规模化发展奠定了坚实基础。在技术方面，村两委积极

前往各地学习月季培育技术，引导村民上山挖掘“荆刺”，钻研嫁接技术。经过无数次的失败与尝试，他们终于找到了适合郭塘村的月季种植门道，为月季产业的发展提供了有力保障。随着月季产业的不断发展，越来越多的村民看到了增收的希望。他们纷纷回流到家乡，投身于月季产业的建设中。同时，郭塘村还依托月季产业发展乡村旅游项目，吸引了大量游客前来观光旅游，进一步推动了当地经济的发展。

2. 村容村貌脏乱萧条，历经变废为宝之痛

曾经的郭塘村，基础设施薄弱，道路泥泞不堪，露天厕所数量多且环境恶劣，拆违后的边角地更是缺乏合理规划，整个村庄显得既“不景气”又“萧条”。这样的环境，不仅影响了村民的生活质量，也制约了村庄的发展。面对困境，郭塘村并未选择放弃。相反，他们从微处着手，利用废旧物品、不知名的小“荆刺”和闲置土地等资源，创造性地提出了“共富月季”产业的发展思路。通过推动旅游产业的绣花式工作，郭塘村不仅促进了山海协作的落实落地落细，还为村庄的未来发展奠定了坚实基础。在山海协作平台的支持下，“共富月季”产业得到了快速发展。通过引进先进技术和优质品种，郭塘村不仅提高了月季花的品质和产量，还成功打造了具有地方特色的月季花品牌。这一产业的成功发展，不仅为村庄带来了可观的经济效益，也提升了村庄的知名度和美誉度。同时郭塘村也开始注重村容村貌的美化工作。他们将月季产业所获盈利投入道路改造、公厕建造、“口袋公园”建设等民生工程中。这些项目的实施不仅改善了村民的居住环境和生活条件，也提升了村庄的整体形象和品质。经过一系列的努力和改变，郭塘村终于实现了从“萧条”到“美丽”的华丽转身。如今的郭塘村已经成为远近闻名的“美丽村”，村口景观节点、最美红枫村道、红旅接待综合体项目、党建远教广场等一个个项目拔地而起。这些翻天覆地的变化让村民们感受到了实实在在的好处和便利。

3. 月季销售渠道受限，历经对接市场之痛

面对月季产业的进一步拓展需求，郭塘村深刻认识到“不仅要通过花把游客引进来，还要想办法把花卖出去”的重要性。农产品缺销路一直是农村特色产业发展的瓶颈，而月季产业也不例外。为了打破这一困境，郭塘村积极寻找市场对接的机遇。2018 年，当得知常山县有彩化项目的需求时，郭塘村两委敏锐地捕捉到了这一机遇。他们提出免费设计一个用嫁接月季装扮的景观节点，以实际效果来换取帮扶机会。这一创意不仅赢得了常山县的认可，更让月季彩化常山大桥景观成为样板工程，10 万株月季在常山县畅销，为郭塘村月季产业打开了新的市场大门。然而，仅靠定点采购和帮扶认领月季苗株显然无法满足产业可持续发展的需求。为了做大做强月季产业，郭塘村通过前期月季主题公园吸引客流，并成立强村公司——浙江衢州三塘生态农业发展有限公司，打开月季花卉走向市场的销售渠道，将郭塘月季作为市政花卉已远销到宁波市区、慈溪和江西上饶等地，实现村集体经济突破百万元大关。同时，郭塘村积极推动月季自主培育，建成郭塘月季共富工坊（包括月季低碳智能育苗中心、全球月季数字化展销中心）。郭塘村强村公司与河南省园林龙头企业——河南宛都月季有限公司合作，郭塘月季共富工坊内现已育有近 70 种月季，均采用自动化、数字化管控设施，预计年育苗量将达 20 万株，直接为村集体带来经济效益约 200 万元。

（三）“蝶变”成效：产业创新升级造血共生

1. “从无到有”变“迭代升级”

郭塘村依托其独特的“一村一品”产业优势，不断探索月季产业发展的新路径，精心编织着“产业＋循环＋品牌”的共富大网。将从无到有迭代升级至从有到优，正是两大公司的成立成为推动产业升级和转型的关键力量。

一是浙江三塘建设有限公司应运而生，它敏锐地抓住了市政工程建设的机遇期，将郭塘村的绿地养护服务从单一模式拓展至更为广阔的市政工程项目建设领域。这一举措不仅让村民实现了从农民到工人的身份转变，更有一部分村民通过不断学习和实践，逐步成长为工程师，显著提升了村民的就业素质和质量。郭塘村因此为城区的建设发展贡献了宝贵的乡村力量，展现了乡村与城市融合发展的美好图景。

与此同时，浙江三塘生物科技有限公司的成立则为月季产业注入了新的活力。该公司深入挖掘月季全生命周期的价值，成功建成了常山县农林绿废循环利用处置中心，有效解决了农林绿废循环利用的难题。通过收储加工全县范围内的园林枯枝、秸秆等原料，公司成功将其转化为有机基质、生物菌肥、生物质燃料颗粒等一系列高附加值产品。截至 2024 年 9 月，该公司已处理约 750 吨园林绿废和秸秆等原料，并生产出约 200 吨的有机基质和生物质燃料颗粒。这些优质有机基质在反哺月季培育和绿地养护服务等村级产业的同时，也推动了有机基质和生物质燃料颗粒等产品的市场销售，实现了企业与社会发展的双赢局面。

郭塘村在月季产业发展新路径上迈出了坚实的步伐，通过成立两大公司、拓展产业领域和推动循环经济发展等措施，不仅提升了村民的就业素质和质量，还为城区建设贡献了乡村力量，更在推进有机基质和生物质燃料颗粒等产品市场销售方面取得了显著成效。这一系列的努力和成果充分展示了郭塘村在“一村一品”引领下实现多元发展的坚定决心和强大动力。

2. 从“输血帮扶”到“造血共生”

为了进一步壮大月季产业并提能升级乡村地瓜经济，郭塘村把握市场发展规律，规避市场风险因素，积极树立郭塘月季品牌，解码共富“密钥”。为激活村内闲置劳动力，郭塘村强村公司开办园艺技能培训班，已培养带证上岗的专业本土园艺师近 200 人，带动本村及邻村新增就业人数达 150 多人，打造出一支本土化高素质的绿化养护服务队伍，增强强村公司实力，推动农民向工人、工人向工匠转换升级。

为实现新时代园艺工匠高质量就业，郭塘村月季产业发展蓝图从单纯的第一产业向第三产业转型升级。强村公司与县住建局开展打造常山“月季之城”战略合作，解决了本村土地资源受限的劣势，拓展外部土地资源发展产业。郭塘村强村公司以“免费送月季”的形式，打造美化彩化幸福城市、阳光学校、美丽产区等，并输出绿地养护服务项目，成功中标 2023—2024 年度常山县城区公共绿地养护服务工程项目，项目额超过 2500 万元，让企业与城市共赢，形成共同富裕新模式。与此同时，郭塘村强村公司积极投身市场竞争的洪流，对外输出了专业的绿地养护服务。凭借其卓越的服务质量和良好的市场口碑，公司年营业收入已超过 1000 万元，实现了经济效益与社会效益的双丰收。在公司投资种植的基础上，郭塘村还紧跟市场需求，灵活调整种植策略。他们推出了农户入股种植和农户自主种植两种模式，既激发了农户的参与热情，又保障了月季产业的持续稳定发展。此外，郭塘村还注重人才培养和技术指导，通过“激励生产”“同耕共管”的田间教学法，成功培养了32名种植管理技术型花匠。这些花匠们不仅在公司基地的月季种植中发挥了重要作用，还分网格包干管理农户庭院中的月季，为月季产业的繁荣发展提供了坚实的人才保障。

自2022年以来，郭塘村已派出“郭塘花匠”进行售后管护达1 500人次之多。他们的辛勤付出不仅确保了月季的茁壮成长，更赢得了市场的广泛赞誉和客户的高度认可。

3. 从“鲜为人知”到“家喻户晓”

郭塘村创新性地推出了“U见月季·遇见爱——用爱助农，打卡网红村”系列活动，旨在通过特色活动吸引游客，推动农业与旅游的结合，助力乡村振兴。游客只需凭“共富券”（面值30元）即可入园，并享受在村内农家“蹭饭”、在公司或农家置换农产品等独特体验。因地制宜地将月季与乡村旅游结合，贯通产加销，培育农文旅，提出“培育99个品种，栽种999999株月季，绽放9999999朵爱情之花”的乡村旅游宣传标语，结合美景、美图，打响郭塘月季知名度，提高市场竞争力。同时借力乡8090宣讲团力量，制作短视频，开展乡土主播，做大文旅叠加效应。

这一系列活动不仅丰富了游客的旅游体验，也促进了当地农产品的销售。活动自推出以来，取得了显著的成效。三年活动期间，累计吸引游客4万余人次，直接带动了农户增收56.8万元，村集体增收48万元。这一数字充分证明了“U见月季·遇见爱”系列活动的成功与影响力。通过活动的举办，郭塘村不仅提升了村庄的知名度和美誉度，也为村民带来了实实在在的经济收益。在产业发展的同时，郭塘村积极鼓励村民参与接待管理、民宿服务等工作。通过培养村级“花向导”、开办园林专业技能培训班等措施，有效激活了村庄闲置劳动力。目前，已有7名村民成为村级“花向导”，为游客引路、讲花故事；同时，还培养了一支持有园艺师、养护师、花艺师证书的高素质农民队伍，成为强村公司业务骨干。这些举措不仅提升了村民的技能水平，也促进了村民的年均增收达到2万元。

四、经验启示

（一）产业壮大为富源，农旅融合促振兴

产业，作为经济发展的基石与社会进步的驱动力，是衡量一个村庄兴衰繁荣的重要标尺。郭塘村的领导集体深谙此道理，他们明白，要想让村庄焕发新生，离不开坚实的产业支撑。在“山海协作”的助力下，郭塘村将目光投向了月季这一美丽而富有潜力的产业，用鲜花装点村容村貌的同时，也为村民铺就了一条增收致富的道路。一朵花，虽小却能成就大业；一条产业，足以富足一方水土。郭塘村以月季为媒，构建起了一条集种植、加工、销售于一体的完整产业链，让“盆景”中的美丽得以在更广阔的天地间绽放，成为名副其实的“风景”。“一花独放不是春，百花齐放春满园。”自身的繁荣不是终点，而是新的起点。他们积极参与“山海协作”的深化实践，从乡村创新走向全市域的广泛推行，不仅为自身发展注入了新的活力，更为其他山区县市提供了可借鉴、可复制的经验与模式。在这一过程中，“山海协作”的内涵不断被丰富与拓展，从简单的“输血”式援助转变为“造血”式扶持，为共同富裕的宏伟目标涵养了源头活水。

（二）村民参与筑基石，乡村发展显活力

在郭塘村，可持续发展的梦想不仅仅是政府、社会与企业的共同愿景，更是深深植根于每一位村民心中的火种。村民们以主人翁的姿态，深度融入月季的种植与销售环节，他们的汗水与智慧为这片土地上的月季产业注入了不竭的活力。随着月季产业的蓬勃发展，郭塘村的集体经济也迎来了前所未有的壮大，这股力量如同磁石般吸引着每一位村民的心。同时壮大的村集体，又如同一座坚固的堡垒，不仅为村庄的发展提供了坚实的后盾，更在村民中树立了崇高的威望。这份威望，源自于对村民福祉的不懈追求，也源自于对村庄未来的坚定信念。村民们开始意识到，建设一个美好的家园，就是在美化他们自己的家。这份共识，如同一股无形的力量，激发着全村人的积极性，形成了一个良性循环的生态系统。

在这个系统中，每一位村民都是不可或缺的一环。他们积极参与到党统

领下的乡村建设各项事业中，用实际行动诠释着“共富同心”的深刻内涵。这种参与，不仅降低了乡村建设的成本，更减轻了公共品维护的负担。更重要的是，它激活了乡村建设的内生动力，让村民们更加愿意投入精力与资金，共同守护这片生养他们的土地。

随着乡村建设的深入推进，郭塘村的村民们逐渐感受到了前所未有的幸福与满足。他们的幸福感与获得感，源自对美好生活的向往与追求，也源自于对村庄未来的信心与期待。如今，在郭塘村，“大事一起干、好坏大家说、事事有人管、我的村庄我来治”的理念已经深入人心，成为一种自觉的行动。村民们携手并肩，共同绘制着郭塘村可持续发展的美好蓝图。

（三）两委领航奔共富，乡村繁荣展新图

郭塘村的共富之路，是一条从“一穷二白”到“明星璀璨”的非凡旅程。这一转变的背后，离不开村两委的坚强领导与不懈努力。常山县委县政府的高瞻远瞩，从乡贤中选拔精英充实村两委，不仅增强了班子的战斗力，更在群众中树立了威信，为村庄的持续发展奠定了坚实的基础。在村两委的精心谋划下，月季产业如同一股清泉，为郭塘村的乡村振兴注入了新的活力。他们通过反复实践，找到了这条符合村庄实际、能够带动村民增收致富的产业发展之路。月季的绽放，不仅改变了乡村的面貌，更振兴了乡村经济，成为乡村振兴的关键所在。

能人带动，是郭塘村发展的又一法宝。乡村振兴、共同富裕的宏伟蓝图，需要有一支强有力的领头雁队伍来引领。郭塘村正是通过“强班子带村”的策略，找准了发展产业的方向，推动了月季产业的蓬勃发展，进而辐射带动了周边村民的就业与增收。同时，他们还注重引入职业经理人等专业人才，以专业的知识和敏锐的市场洞察力，为村庄的发展注入了新的动力。

在“头雁效应”的激发下，郭塘村的村民们如同群雁齐飞，共同为村庄的发展贡献着自己的力量。他们以花为媒，不断迭代升级月季产业，将这份美丽事业推向了新的高度。同时，他们还注重基层治理的创新与实践，让村庄的发展更具乡村泥土味和人情味。如今的郭塘村，已经从一个默默无闻的薄弱村，成长为远近闻名的明星村。这份成就的背后，是村两委的智慧与汗水，是村民们的团结与奋斗，更是乡村振兴、共同富裕理念的生动实践。

（四）产业支撑强根基，共同富裕梦成真

以“产业景区化、景区产业化”为宏伟蓝图的郭塘村，积极构建了多元化的鲜花生产结构。在这里，种花、卖花、赏花不仅是村庄发展的亮丽“明信片”，更是村民们迈向富裕生活的坚实步伐。通过不断扩大月季种植规模，拓宽月季销售渠道，郭塘村正强力推进赏花旅游产业的蓬勃发展，走出了一条“一二三产业”深度融合的发展之路。

农旅一体化的实践，让郭塘村焕发出了前所未有的生机与活力。游客们在这里不仅能够领略到乡村旅游的独特魅力，感受到那份淳朴的“乡土味”和浓厚的“人情味”，更能亲眼见证当地村民如何“吃上旅游饭，挣上旅游钱”。这一双赢的局面，不仅促进了乡村旅游的繁荣，更为乡村振兴注入了强大的动力，让美丽经济的活力得以充分展现。

为了进一步推动农业与第二、第三产业的融合发展，郭塘村积极鼓励和支持农产品加工业的发展，致力于建设一批农产品精深加工基地和加工强县，以提升农产品的加工转化率和附加值。同时，他们还积极推动农业与文化、旅游、教育、康养等产业的深度融合，大力发展休闲农业、乡村旅游、创意农业等新业态，不断拓展农业的多种功能，为农民创造更多的就业机会和收入来源。

五、未来展望

加快乡村振兴（农业特色产业）高质量发展是新时代农业农村工作的重大任务。通过做好“土特产”文章、推动农业产业高质量发展、促进农民增收和助力乡村特色产业发展等措施的实施，将有力推动乡村全面振兴和农业农村现代化进程。展望未来，郭塘村将继续在三个方面精耕细作，以实际行动诠释乡村振兴的深刻内涵。

（一）打造特色品牌，丰富月季产业周边

月季，作为郭塘村的特色产业，不仅是美化乡村的使者，更是村民增收致富的金钥匙。未来，郭塘村将更加注重月季品牌的塑造与推广，通过包装

设计、文化挖掘、品牌故事讲述等手段，将月季产业打造成具有鲜明地域特色和文化内涵的知名品牌。同时，郭塘村将积极拓展月季产业的周边产品，如月季精油、月季茶、月季糕点等，形成多样化的产品线，满足不同消费者的需求。这些周边产品不仅丰富了月季产业的内涵，也为村民提供了更多的就业机会和收入来源，进一步推动了乡村经济的多元化发展。

（二）深化谋篇，推动“三产”持续融合

乡村振兴的关键在于产业的融合发展。郭塘村将继续深化“一产接二连三”的发展思路，推动农业、加工业、服务业的深度融合。首先，通过科技赋能和模式创新，提升月季种植的技术水平和经济效益，确保一产的基础稳固；其次，积极引进和培育月季加工企业，延长产业链条，提升产品附加值，同时带动二产的发展；最后，依托月季产业和乡村生态资源，发展乡村旅游、休闲农业等服务业态，吸引游客前来观光体验，促进三产的繁荣。通过“三产”的持续融合，郭塘村将构建起一个结构合理、协同发展的现代农业产业体系，为乡村振兴提供强有力的产业支撑。

（三）构建多维平台，助力鲜花产业新发展

在信息化、数字化时代背景下，郭塘村将积极构建多维平台，为鲜花产业的新发展插上翅膀。首先，搭建电商平台，拓宽销售渠道，让月季产品走出乡村、走向全国乃至全球市场。通过直播带货、社交营销等方式，提升品牌知名度和市场占有率。其次，建立信息服务平台，为村民提供种植技术、市场信息、销售对接等一站式服务，降低交易成本，提高经营效率。此外，郭塘村还将加强与高校、科研机构的合作，建立产学研用合作机制，引入先进技术和管理理念，为鲜花产业的创新发展提供智力支持。通过这些多维平台的构建，郭塘村将实现鲜花产业的转型升级和高质量发展，为乡村振兴注入新的活力。未来，郭塘村将继续坚持绿色发展理念，创新驱动发展战略，为乡村振兴贡献更多智慧和力量。

一次联姻催生抱团前行

一、案例概述

作为国家重大发展战略之一，“跨区域合作发展”是构建新发展格局的基础，也是实现全体人民共同富裕的必然要求。党的十八大以来，我国不断完善和落实区域协调发展战略部署，探索多层次、多形式、全方位的区域联动格局，在建立健全区域合作机制、推动区域协调发展方面取得积极成效。党的二十大报告提出：“深入实施区域协调发展战略、区域重大战略、主体功能区战略、新型城镇化战略，优化重大生产力布局，构建优势互补、高质量发展的区域经济布局和国土空间体系。”2023 年，习近平总书记在中共中央政治局第二次集体学习时强调，“要全面推进城乡、区域协调发展，提高国内大循环的覆盖面”“打消区域壁垒，真正形成全国统一大市场”。为促进区域协调发展向更高水平和更高质量迈进，跨区域发展被作为推动要素跨区域流动的重要抓手、促进新型区域合作的重要主体、加快全国统一大市场建设的重要环节、提高国内大循环覆盖面的重要突破口，并从地理空间相邻的 1.0 版本转向要素合作的 2.0 版本，以实现地理边界、行政边界、经济边界、社会文化边界的耦合。

山海协作、东西部协作、省际合作等合作方式正是立足本地，基于政策、要素、资源等方面开展的跨区域合作。扩大国内大循环下的区域板块合作不断加强，共同构成我国区域经济新发展格局。但同时，我国资源条件差异大、区域经济发展不均、合作机制不健全等制约因素仍然存在，在远离省域行政中心、经济发展水平相对落后的省际交界区域的县域城市尤为明显。常山处于浙江省西部，既是飞地经济的受益者，也是省际合作的受益者，还是东西部协作的参与者，在抱团发展路上逐步探索出了一些可复制、可推广的经验。

二、案例缘起

（一）背景

1. 区域经济发展不平衡的主要表现

一是沿海与内地经济发展的差距。中华人民共和国成立后 30 年间，我国一直致力于平衡发展战略，各种投资政策和财政支付转移明显地向边远和落后地区倾斜，然而效果不佳。自 1978 年实行改革开放以后，我国在区域经济发展战略上迎来了转变，从平衡发展战略转向不平衡发展战略，优先发展沿海地区，发展和开放的政策明显向沿海地区倾斜，使得沿海地区得以迅速发展起来，也迅速地拉大了沿海与内地的经济发展差距。

二是东中西部发展不平衡。我国东中西部发展不平衡，各个区域发展也不平衡，如京津冀地区，北京与天津发展较好而河北发展落后；成渝地区也是成都重庆发展较好，周边城市发展相对落后。而且促进区域协调发展的体制机制不健全。尤其是要素自由流动的市场机制不健全，劳动力跨区域流动受到户籍制度和配套公共服务体系的阻碍，资源价格偏低、资源税费制度不合理，跨区域经济合作需要进一步深化，产业同构现象仍然存在。

三是城乡发展不平衡。城乡发展不平衡主要表现在城乡经济发展差距较大、城乡基本公共服务水平不均衡、农村社会事业发展滞后等。究其原因，一是城镇化滞后于工业化，不利于创新集聚效应发挥和产业结构升级，制约国内需求的扩大。二是城镇化进程中二元结构尚未打破。目前农民工已成为产业工人的主体，但很多农民工及其随迁家属，未能在教育、就业、医疗、养老、保障性住房等方面享受城镇基本公共服务，以人为核心的城镇化水平还有很大提升空间。另外，长期以来实施城乡分割的土地制度，地方政府通过征地获得高额的溢价收益，但失地农民无法分享土地增值收益。

四是产业及消费水平不平衡。从产业角度看，北方工业的相对落后是2008年以来南北差距飞速扩大的主要原因；从收入角度看，南北差距扩大主要体现在南方在劳动者收入和企业盈利上的相对领先；从支出角度看，南方在居民消费支出、货物和服务净流出上长期具有优势，2003—2013年北方过度依赖高投资、高积累的发展模式，这一发展模式在2013年后无法持续，进一步推动了南北差距扩大。

五是区域经济特色不明显。区域产业结构趋同，重复建设，区域经济特色不明显。这不仅出现在价高利大的产业领域，而且在基础设施领域尤甚。在开放引资上竞相出台优惠政策，在外贸出口上竞相压价，导致过度或恶性竞争，甚至区际联系还要小于与国际的联系。此外，存在严重的产业同构现象，加速扩大的地带间经济发展差距，加大了地方政府尤其是中西部地区地方政府"兴地富民"的客观压力，迫使一些地方政府在项目投资上置全局性资源浪费、生产能力过剩而不顾，低效益、低水平地重复引进、生产、建设，从而导致地区产业结构趋同现象不断加剧。这不仅抑制了地区经济比较优势的发挥，丧失了地区分工效益和规模经济效益，而且影响国民经济整体效益的提高。

2. 区域协调发展的政策背景

改革开放之初，为了推动经济发展，中国实施了不均衡发展战略，优先发展东部沿海地区。东部沿海地区抓住改革开放机遇，经济获得了快速发展，而其他地区则发展相对缓慢，一些地区发展严重滞后。一段时间以来，区域发展不协调成为中国经济健康发展的掣肘，缩小区域发展差距，实现区域协调发展是新时代中国特色社会主义经济建设的重要任务。在党的二十大报告中，习近平总书记明确提出要促进区域协调发展，优化生产力布局，推动经济高质量发展，为新时代中国区域协调发展指明了方向。

"七山一水二分田"是浙江的基本地貌。长期以来，浙江山区发展速度远慢于沿海地区。为解决浙江"山""海"协调发展的难题，浙江省推进实施了"山海协作工程"。"山海协作"是缩小地区差距、促进区域协调发展的有效载体，是培育新的经济增长点、不断提高浙江综合实力的必然要求，是促进共同富裕、实现人民群众根本利益的重要举措。"山海协作"最早在

2001 年的浙江省扶贫暨欠发达地区工作会议上提出，其主要做法是由政府推动在发达地区和欠发达地区之间设立飞地，并将飞地交由市场运作使两地能携手共进、互利共赢。在浙江省委和省政府的高度重视之下，浙江省的飞地经济分别经历了从积极承接产业转移的“山海协作”产业园 1.0 时代，和主动求变的“科创飞地”2.0 时代，到活用“飞地经济”形式，将反向的科创飞地类型与传统承接产业转移的“正向飞地”有机结合，打造“山”“海”携手共富的“产业飞地”3.0 时代。2002 年 4 月，浙江省委、省政府正式启动实施“山海协作工程”，将沿海的发达地区与山区的欠发达地区“结对捆绑”起来，实现优势互补。习近平同志到浙江工作后，把“山海协作工程”摆在更加突出的位置。2002 年到 2006 年间，习近平同志每年参加“山海协作工程”情况汇报会。经过几年的实践，各地不断探索和丰富活动内容，使得“山海协作工程”在深度与广度上不断得到发展。

山海协作产业园的发展

山海协作产业园	飞出地	飞入地	主导产业
柯城—余杭山海协作产业园	杭州余杭区	衢州柯城区	装备制造业、新材料产业、软饮料产业和现代服务业
衢江—鄞州山海协作产业园	宁波鄞州区	衢州衢江区	特种纸、矿山装备制造业
江山—柯桥山海协作产业园	绍兴柯桥区	衢州江山市	绿色食品产业、装备制造业、节能环保产业、现代家居制造业
龙游—镇海山海协作产业园	宁波镇海区	衢州龙游县	特种纸产业、绿色食品产业和先进装备制造产业
常山—慈溪山海协作产业园	宁波慈溪市	衢州常山县	农机产业、轴承产业、胡柚产业
莲都—义乌山海协作产业园	金华义乌市	丽水莲都区	装备制造产业、健康制造产业、中小企业孵化
龙泉—萧山山海协作产业园	杭州萧山区	丽水龙泉市	装备制造业、现代物流、文化创意
遂昌—诸暨山海协作产业园	绍兴诸暨市	丽水遂昌县	金属制品、特种纸、新能源、新材料和节能环保产业
松阳—余姚山海协作产业园	宁波余姚市	丽水松阳县	先进装备制造业、泛家居行业、节能环保产业、精深农产品加工产业

（二）基本情况

1. 产业飞地

2017 年，国家发展改革委等八部门联合出台《关于支持“飞地经济”

发展的指导意见》(发改地区〔2017〕922号)，鼓励支持浙江等地发展“飞地”经济。2019年，浙江省印发《关于促进山海协作“山地经济”健康发展的实施意见》，提出明确鼓励省内沿海经济发达地区在环杭州湾经济区、甬台温临港产业带等重点平台，为全省26个加快发展县，特别是国家级重点生态功能区，谋划建设一批模式新、特色明、效益好的山海协作“飞地”，以促进区域更加协调发展。何为“飞地”？文件明确，发达地区要积极为结对地区规划“飞地”发展空间，“飞出地”政府则承担开发建设用地指标、耕地占补平衡指标和“飞地”开发建设支出，同时享有收入。为确保项目有效落地，浙江还规定，入驻企业在项目、金融、人才等方面享受属地同等优惠政策和优质服务，并鼓励合作双方共同选派优秀干部赴“飞地”挂职。慈溪—常山山海协作“产业飞地”项目是全省首个实现项目开工的飞地产业园，也是在省政府文件指导下的成果。有助于加快推进区域协调发展，增强内生发展动力，开辟税源增收渠道，实现慈溪和常山两地资源共享、合作共赢。

2. 省际合作

在县级行政区划尺度下，中国66条陆路边界线一共组合成42个三省交界区域，涉及117个县级行政区划，其中包含14个县级市、83个县、16个区和4个旗。《中国县域统计年鉴2021(县市卷)》数据显示，2020年全国42个三省交界区涉及的117个区县行政区划面积约为95.83万平方公里，GDP总量约为2.84万亿元，常住人口约为5343.40万人，三个指标占全国的比重分别为9.98%、2.89%和3.70%。衢州和上饶就是其中之二，这也是两地合作的地缘基础。

2019年，浙江和江西省发展改革委牵头成立13个有关部门参与的联席会议制度，并于2020年12月召开了第一次联席会议。2019年9月，浙赣边际合作(衢饶)示范区共建领导小组正式成立，领导小组由衢州上饶两市的常务副市长任组长、两市的发展改革委主要负责人任副组长、三地的常务副县(市)长为主要成员，下设管委会筹委会。管委会筹委会首批三地10名(常山、玉山各4名，江山2名)工作人员，于2020年5月在常山县白石镇宣丰大楼开启集中办公。2023年6月，浙江省在省委书记易炼红批示支持下印发了《关于支持浙赣边际合作（衢饶）示范区（衢州片区）高质量发展的政策意见》。2019年上半年，常山、江山、玉山三地先后成立了以县委书记、县长为双组长的浙赣边际合作（衢饶）示范区工作领导小组。2020年，常山县组建了示范区建设指挥部；玉山县批复成立了专职机构衢饶发展中心，组建了玉山县衢饶建设工程有限公司，并推动示范区（玉山片区）与玉山高新区整合，加速推进示范区建设工作。

3. 东西部协作

从最初的东西部扶贫到东西部协作，到如今的“授人以鱼不如授人以渔”，常山正在发挥“地瓜经济”的“蔓藤”作用，紧紧抓住人才、技术这两个关键，让生产基地、市场销售的‘藤蔓’伸向更具发展潜力的空间，给予中西部地区经济活力。明星饮料公司柚香谷公司提出全国性战略布局的设想。考虑到销售覆盖半径，且反复比选土壤、气候等要素，选择了四川、广西和重庆三地作为拓展市场的桥头堡，计划用5年打造总计10万亩的香柚种植和宋柚汁。考虑到广西壮族自治区百色市拥有全国首条南菜北运铁路绿色大通道“百色一号”，依托该专列，在百色生产的宋柚汁能源源不断地运往北方市场。百色基地已有两条生产线投产，计划3年之内实现预定目标。异地拓市场，人才是关键。从百色当地招聘的首批技术工人集中到柚香谷公司常山总部，进行为期4个多月的培训。在拓展生产基地的同时，柚香谷公司在品牌宣传思路上也做出了相应调整，提前为市场拓展造势。除在高铁、高速等人流量大的场所提高品牌显示度的同时，还将宣传触角延伸至城市的影院、公交等细分场所，并加大短视频等线上宣传力度，带动线上销售，打出了一套面向全国消费市场的品牌宣传“组合拳”。据了解，目前柚香谷公司已开设线上店铺15家，宋柚汁单日线上成交额最高达到了125万元。

三、做法成效

（一）推动建立领导小组，定期召开联席会议

建立领导保障机制，两市分别成立贸易联动发展领导小组，主要负责决

策方针政策、发展规划、合作项目以及需要共同争取的国家相关政策支持等重大问题；建立日常工作机制，在两市发展改革委设立贸易联动发展领导小组办公室，具体实施沪渝合作的有关事项；建立实质性工作机制，定期召开两市各部门联席会、两市区县长联席会，开展各部门和各区县的对口合作。常山片区核减了1 000余亩永农，安排了315亩国土空间规划指标。2020年4月，三地共同开展发展规划编制。示范区常山片区：建成320国道二改一、示范区供水管网联网建设、示范区水系一期工程等基础设施项目和浙赣省际未来驿站、球川轴承小微产业园、恒寿柚果田园综合体项目等产业项目，其中投资2.65亿元建成的浙赣省际未来驿站项目正在招商，致力培育省际现代服务业示范项目；轴承小微产业园完成一、二、三期建设，建筑面积超5万平方米，投资超2亿元，第四期正在建设中，并招引落地8家小微绿色制造企业，总投资达5亿元。2022年7月，常玉两县签订《战略合作框架协议》，以示范区建设为核心，推进全方位合作，打造省际合作先行示范，取得显著成效。主要表现在以下几个方面：①要素一体。实现10千伏电路的跨省互通、互为备用；签订跨省供气合作框架协议，开展衢饶天然气联络管线工程建设；签订跨省供水意向协议，可缓解常山西部乡镇缺水问题；达成污水跨境处理初步意向。②治理联动。设立共享法庭，成立常玉联合应急救援队伍、浙赣边际应急联动工作站、跨省“老娘舅”工作站等多种形式基层治理队伍。“跨省网格”覆盖4镇12个边际村，跨省网格边际联动服务中心（浙赣边际协同治理服务网格驿站）投入使用。创新跨省警务协作，推行“平安边界·智慧安防”应用。③民生优享。接续承办“三山”艺术节（创办于1986年），是目前国内省际合作从未中断、持续时间最长的文化交流活动。主动开通最高票价2元的212C线跨省公交，打通省际交往最后“一公里”。组建“常玉通办”工作小组，梳理落地108项通办事项，在行政服务中心设立“跨省通办”线下专窗，完成两地政务服务自助终端机互驻，年均办件量超800件。实现《浙江省居住证》互认，实现两地门诊就医的医保跨省结算。两地签署职教发展联盟合作框架协议，共建见习基地。建设省际气象站，构建“梯次化”灾害天气联防业务体系，实现预报预警信息、监测数据共享；建成使用衢饶示范区环境监测站，定期通报环境空气质量。产业共融。推广常山胡柚、香柚“双柚合璧”产业振兴经验做法，联合玉山马家柚开发了“三柚”融合饮品。建设跨省“共富果园”，流转玉山 60 余亩土地建设了 300 亩的“共富菜园——红辣椒基地”；流转 2 000 亩土地打造四省边际蔬菜直供基地，带动本地蔬菜销售 1 000 万斤以上，销售规模 2 000 万元以上，人均月收入增长约 3 000 元。签订家政服务合作协议，建立中西部家政服务供需链接，开展江西妇女“常山阿姨”培训 151 人次，成功推荐就业 198 人。签订文旅合作协议，每年互送游客资源 2 500 人次以上。

（二）协同制定发展规划，有序推进开发建设

为了增强合作两地的贸易往来，需要培育跨地区、多行业的产业合作机制并使之成为联系两地的“纽带 ”。实施产业差异化发展战略，根据资源赋存状况、经济技术水平和市场发育程度，两地主导产业的发展应体现互补性。在产业的选择和空间布局方面，经济较弱的地区应学习经济较发达地区的先进经验，通过合作提高竞争力，继而继续参加竞争。经济较弱地区要逐步承接经济较发达地区产业转移，主要承接技术含量高、产品附加值高的产业转移，并且要带动本地相关产业的发展。建立新型产业链条模式，利用经济优势地人才众多、信息快捷、交通便利的特点把产业链条中的开发设计、市场销售环节放在经济优势地，利用经济较弱地区劳动力丰富、资源条件突出的特点，把产业链条中的生产环节放在较弱地区，实现产品生产的合理分工，提升区域合作的成效。慈溪——常山飞地项目于 2024 年 1—6 月落实，累计投资 14 043 万，上半年新供地项目 2 个，总面积 120 亩。“产业飞地”已入驻项目 14 个，其中已竣工试生产项目 9 个，2024 年度新开工建设项目 5 个，预计达产后飞地年销售可达 30 亿元，剩余地块已分配给储备项目，并进入相关流程，预计本年度可全部启动，实现“产业飞地”二期全面开工建设。首批分红资金 311 万元也即将拨付，真正实现慈常两地利益共享；“消薄飞地”返利。慈常“消薄飞地”依托慈溪高新区上林英才产业园为消薄飞地项目主体，占地 40 亩，总投资 2.2 亿元，2024 年 1 330 万元返利资金已到位，累计返利资金达 5 775.56 万元，实现常山县消薄村集体全覆盖。还有特色生态产业平台建设。项目前期完成特色生态产业平台 A3－1、A3－2、

A3—3 地块 135 亩林地占用审批，B2 区基础设施配套工程初步设计，启动 A 区基础设施配套二期工程初步设计工作；特色生态产业平台 A 区基础设施配套一期工程，土方工程共计挖方 81 万方，已完成 70%，箱涵施工完成 52%；特色生态产业平台 B2 区基础设施配套工程开工建设，平台 1—6 月累计完成政府性投资 2 760 万元。企业服务方面，鹤丰制浆项目落地，为纸基新材料产业链补上重要一环，将进一步激发产业活力，平台 1—6 月累计完成制造业投资 1.6239 亿元，规上企业产值达 26.8 亿元。

（三）持续聚焦项目牵引，联合开展招商方案

要牢固树立合作共赢理念，进一步建立健全协同推进机制，强化战略规划衔接、政策服务协同、产业功能协作、招商引资联动，推动两区协同发展持续走深走实；要着力打造共建共享格局，聚焦各自实际、主动作为，尽快摸清各自资源条件，精准对接项目资金，着力构建优势互补、资源耦合、利益共享的协作格局，促进创新链、产业链、供应链等多链融合；要持续深化区域协作空间，积极探索共建共享联合招商的方法路径，加快合作事项项目化、清单化、节点化，建立健全制度机制，激发县区、园区新活力，努力打造县域跨区域合作的示范样板，共同促进经济社会高质量发展。

四、经验启示

第一，跨区域合作通过财政转移和产业投资，改善了欠发达地区发展生产的物质资本稀缺问题。资本要素是区域经济社会生产的基础。我国西部县域的发展水平相对落后，普遍处于资本积累的初期阶段。打破贫困的恶性循环首先是必要的初始资金，然而仅靠欠发达地区的财政自给难以达到产业发展所需的最低规模。欠发达县域长期以来以农业为主导、缺少完善的产业链。跨区域合作通过产业转移、分工与合作，并配以公共设施提供、税收优惠和贷款贴息等政策，打破了县域间的经济活动边界。资本流入破解了被帮扶县域的资本瓶颈，显著提高生产规模与效率，并带动其他经济资源的同步流动与集聚，进而缩小县域间的经济发展质量差距。

第二，跨区域合作的劳务对接协作推动了劳动力的跨区域流动。二元经

济理论模型描述了在一定发展阶段，农业部门的剩余劳动力流向工业部门或城市能够提升经济效率。在兼顾双方企业劳动力需求的基础上，东部帮扶县通过职业定向指导、技能培训等方式降低被帮扶县的劳动力就业搜寻、匹配成本，为广大农村剩余劳动人口提供非农就业渠道。欠发达地区的自然资源（如土地、矿产、旅游资源等）通常是一定的，人口流出能够提高留守居民的人均资源拥有量。因此，劳动力要素的重新配置既有利于满足东部县域的用工需求，又提高了欠发达县域的劳动边际产出，促进均衡的经济高质量发展。

第三，跨区域合作通过科技和人才交流，促进知识、信息、技术、人才和管理经验等先进要素注入欠发达县域。根据内生增长理论，人力资本积累和技术进步是实现区域经济长期高质量增长的重要因素，地区间的经济发展只有在技术水平一致时才具有收敛性。东西部协作不仅是简单的产业搬迁，更是技术转移与知识扩散的突破口。协作双方间的学习合作有利于降低被帮扶县的技术引进和模仿成本。地区经济发展本质上是伴随技术创新与溢出而产业结构升级的过程。通过将帮扶县域的先进生产技术同被帮扶县域的比较优势相结合，欠发达县域的自然与人文资源优势有效转化为经济收益，促进本地技术升级和生产率进步。东西部协作还高度重视人力资本的培育和积累，通过领导干部双向挂职、教育帮扶等方式，优化欠发达县域人力资本结构，提升长期内生发展能力

五、未来展望

（一）进一步促进“政府引导”向“市场主导”转变

一是明确协作主体关系。实现发达地区与欠发达地区在研发、生产、销售上进行分工，推动实现产销协作融合。例如：通过合作共建园区，或以股份制形与相关企业协作设立生产基地、产销一体化基地；共同开发旅游项目，借助“有形的手”与“无形的手”的互补作用，结成稳定的“山海协作”关系。二是积极发挥政策导向作用。通过发挥政策导向作用，推动发达地区与欠发达地区在资本、技术、劳动力等要素上互补合作，推动形成全社

会支持、市场化运作、互利共赢的新格局。三是打造“山海协作工程”升级版。通过打造“山海协作工程”升级版，建设综合交通运输体系，不断完善山区对内对外区域交通网络，全面提升农村路网，推动欠发达地区融入杭甬温“1 小时经济圈”，为其积极对接市场提供硬件和软件上的支持，促进“政府引导”真正向“市场主导”转变。

（二）进一步促进“资源优势”向“经济优势”转化

一是调整并完善生态补偿机制。加大省级生态环保财政转移支付力度，贯彻绿色发展理念，打造依托钱塘江、常山江的美丽经济产业带，始终坚持发展与生态相结合，深度挖掘发展潜力，以提升发展能力。二是探索建立“生态补偿飞地”。在前期产业飞地实践的基础上，可在山区 26 县探索建设“生态补偿飞地”。依据各县区不同的资源禀赋、产业发展特色，匹配能够优势互补的县市，并将优质项目引入“生态补偿飞地”产业园。同时，要鼓励欠发达地区将生态产品引入结对县市，并设立“生态补偿飞地”，吸引与产业相关的人才、资金、项目、技术，实现项目的就地孵化、欠发达地区的自我造血。三是持续拓宽“绿水青山就是金山银山”转化通道。要不断提升生态产品价值转化效率，加快生态产品价值实现，以系统理念增强后发地区内生发展动力，扎实推进共同富裕。

（三）进一步促进“项目转移”向“全产业链协作”转变

欠发达地区要充分利用生态环境、土地、劳动力等资源优势，结合产业发展目标，促进“项目转移”向“全产业链协作”转变，构建形成“山海协作”产业链和山区县特色产业链。一是“山海协作”升级版。要用好欠发达地区土地指标较多、劳动力充裕、税收有优惠等优势，积极引进规上工业企业；要利用优势，发展绿色生态农业，打造农业种植、加工、流通产业链。二是针对已有产业链，补牢关键链节。要针对农业类的产业链，与农产品行业的科研院所积极对接，深化产学研合作，解决技术问题，开拓并形成稳定的销售市场；要针对工业类的产业链，借鉴先进产业园的做法，化解欠发达地区技术与人才难题；要针对休闲旅游类的产业链，建设对口协作疗休养路线等。三是重视全产业链协作。要立足产业链，在产业链前端设立设计研发部门，在产业链中端拓展产品品类和功能，在产业链后端拓宽销售渠道，从而形成“山海协作”全产业链。

（四）进一步促进“来料加工”向“自主创新”转变

要促进“来料加工”向“自主创新”转变，一是重视研发设计。推动处于价值链底端的组装、加工等生产环节的企业向高附加值、品牌化方向发展转型，推动产品和企业从“微笑曲线”的底部向两端延伸，推动初级产品特别是初级农产品向深加工环节发力。二是加强沟通协作。建立和完善发达地区科技部门和社会组织与欠发达地区的交流沟通网络，精准匹配有助于产业发展的技术与专家，提升成果产业化转化水平。三是发挥供销社系统优势，创新商业模式。借助全省供销系统，建设欠发达地区产销一体化项目；组建产销配送平台，并对接结对地区的企事业单位、商超、土特产公司等进行供货。同时，借助发达地区数字与人才优势，为欠发达地区开展电商直播、跨境电商、社交电商等方面的培训；鼓励欠发达地区的镇、村建立和培育网络直播电商，并进行市场营销和商业模式的创新。

一首宋诗赓续千年文脉

一、案例概述

常山位于浙江省西部，钱塘江源头，地处闽浙赣皖四省边际，素有“八省通衢、两浙首站”之称，东汉建安二十三年（218）建县，至今已有 1 800 多年历史，是一座人文底蕴深厚的千年古县。唐宋以来，常山人文荟萃，名人辈出，尤其是在宋代，常山县迎来历史上最辉煌的文化高峰期。目前，搜集到的常山宋诗就已有 1 000 首之多，这在以“唐诗之路”著称的千里钱塘江上可谓独树一帜，堪称文化史上罕见的“宋诗之河”。衢州市委和常山县委高度重视“宋诗之河”文化品牌建设，从整体规划、项目建设、文旅融合以及交流宣传等方面实施了一系列有力举措，让“宋诗之河”有章可循、有景可观、有点可玩、有文可读。这些工作离不开常山县始终坚持党的领导，深刻领会上级部门文件精神；坚持实事求是，因地制宜开展文化振兴工作；坚持文化自信，注重发掘自身优势和特色；坚持以人为本，满足人民对美好生活的文化需要。下一步，常山县将落实更加有力的举措，理清“宋诗之河”与宋韵文化的关系，持续打响“宋诗之河”文化品牌，持续打造“宋诗之河”地标建筑，加快打造新时代文化创新高地，让常山江“宋诗之河”焕发全新活力。

二、案例缘起

党的十八大以来，习近平总书记多次考察文化胜地、历史古迹，站在中华文明永续传承的战略高度，深刻阐释弘扬中华优秀传统文化、保护历史文化遗产、坚定文化自信的重要性，为我们传播弘扬中华优秀传统文化指明了前进方向、提供了根本遵循。浙江作为中华优秀传统文化的重要实证地，拥有丰富的文化遗产和非物质文化遗产。浙江省委、省政府高度重视传承中华优秀传统文化，持续实施传承发展浙江优秀传统文化行动，推动中华优秀传统文化的创造性转化和创新性发展。2017 年，浙江省第十四次党代会确立了建设“文化浙江”的具体目标，提出“要深入实施中华优秀传统文化传承发展工程，加大文化与自然遗产、历史文化风貌保护力度，挖掘传承地方特色文化”。2018 年年初，浙江省委、省政府提出打造大运河诗路、钱塘江诗路、浙东唐诗之路、瓯江山水诗路 4 条诗路的决策部署，一场山水和文化结合的诗路建设正式拉开序幕，成为深入践行“两山”理念、建设文化浙江的时代亮点，诗画浙江大花园建设的标志性工程。

作为钱塘江诗词之路文化带的重要组成部分，常山江有着深厚的人文底蕴和独特的文化遗存。辉埠镇宋畈村的宋代吏部尚书汪韶开创一代学风家训，三衢山铁面御史赵抃留迹赵公岩，何家乡万寿寺、四贤祠、忠简古冢等古迹印证着南宋“中兴贤相”赵鼎的高风亮节，东案乡金源村贤良王氏“一门九进士”美名扬，理学大师朱熹赐名古镇球川留千古佳话。江西诗派的诗人曾几，是陆游的老师，史书称其“学识渊博，勤于政事”。他在游历常山三衢山后，凭借一首七言绝句声名鹊起，那便是千古传唱的《三衢道中》：“梅子黄时日日晴，小溪泛尽却山行，绿阴不减来时路，添得黄鹂四五声。”全诗明快自然，清新流畅，极富有生活韵味，可谓以一诗登上“巨匠”行列，成为曾几一生中最重要的代表作，更是至今古诗中描写衢州的知名度最高、衢州人传唱最广的作品。同时，南宋爱国诗人杨万里往返老家江西吉水与京城杭州均要路过常山，曾六次到招贤古渡，并留下了四十多首写常山的诗文，其中收入《诚斋集》流传于世的就有二十五首之多，很多常山古地名可以在他的诗中找到，尤其以写招贤渡的诗最多，如《过招贤渡》：“归船旧掠招贤渡，恶滩横将船阁住。风吹日炙衣满沙，姬牵儿啼投店家。一生憎杀招贤柳，一生爱杀招贤酒。柳曾为我碍归舟，酒曾为我消诗愁。”特别是“一生憎杀招贤柳，一生爱杀招贤酒”这两句诗，许多常山招贤人随口能哼、耳熟能详。陆游、范成大、辛弃疾、尤袤等名家均在常山留下了传世诗作。常山江上闪耀着灿若星辰的宋代名人足迹和动人诗句，这在普遍流行“宋词”的宋代和以“唐诗之路”著称的千里钱塘江上可谓独树一帜，堪称是一条文化史上罕见的“宋诗之河”。常山江“宋诗之河”，不仅深刻体现了其悠久的历史与丰富的文化内涵，更凸显了它在现代文化中的独特价值。概括而言，有四个方面的含义：一是常山宋诗历史文化本身就是历史长河中的一段，而且宋诗本身就是唐诗的传承和发展；二是“常山江”这条河是常山宋诗的主要发生区域，常山江在宋代本身就是作为重要交通要道、必经之地而存在的，它是一条“河”，不是“路”；三是寓意常山宋诗就像河水一样多；四是常山江所流淌的主要文化精华是“宋诗”，与省里提出的“浙东唐诗之路”，是有明显的区别和自身特色的。

在2018年，常山县全面启动了常山江“宋诗之河”文化品牌的打造工作，这一重要举措被正式列入县委十三届四次全会的报告中，成为县委、县政府的重大决策部署。打造常山江“宋诗之河”文化品牌，不仅是常山县委县政府积极响应浙江省、省委省政府关于“打造四条诗路文化带、建设诗画浙江”和衢州市委市政府关于“活力新衢州、美丽大花园”重大战略举措的具体行动，更是展示了常山丰厚的历史文化积淀，为常山历史文化名城建设提供强有力的文化内涵、历史佐证，是对历史负责、对先贤负责、对常山未来发展负责的具体体现。对于深入贯彻落实习近平文化思想，弘扬优秀传统文化、激励人民文化自信、提升群众美好生活，加快打造新时代文化高地、高质量发展建设共同富裕示范区，有着重大而深远的意义。

三、做法成效

（一）打造常山江“宋诗之河”文化品牌的具体做法

自常山县发现大量宋诗以来，县委县政府高度重视，确立了打造常山江“宋诗之河”文化品牌的目标，并将其作为钱塘江文化重要组成部分和重要文化金名片来培育。近些年来，历届县委、县政府坚持一张蓝图绘到底、一任接着一任干，围绕加快打造新时代文化常山目标，坚持规划先行、项目带动、文旅赋能和交流宣传，以“宋诗之河”文化带建设为抓手，持续擦亮“宋诗之河”文化品牌，全力在赓续传承宋韵文化上走前列、当示范。

1. 坚持规划先行，让“宋诗之河”有章可循

一是完善方案，整体规划。根据省委、省政府关于建设“诗画浙江大花园”战略部署，深入实施衢州市委“1433”战略体系和常山县“四四二”战略体系，积极对接大湾区战略节点两江通道、大通道浙西门户的通衢首站、大花园核心景区的慢城风光、大都市绿色卫城的康养福地的发展目标，紧密结合乡村振兴战略、“衢常一体化同城化”方向以及衢州“Y”沿江诗画风光带、“特富美安”慢城大花园城市发展、文旅融合产业发展等内容，常山县制定并下发《关于打造常山江“宋诗之河”的实施意见》《关于加快推进“宋诗之河”文化带建设的意见》，编制《常山江“宋诗之河”文旅融合发展规划》《关于推进常山县“宋诗之河文化带”建设的方案》，通过顶层设计细化举措、明确责任，将“宋诗之河”文化带建设上升至全县重点工作进行整体谋划推进。

二是深化合作，打造平台。借助高校和专业机构的学术支持和研究力量，进一步深化对“宋诗之河”文化的理解和传播。成立衢州学院常山宋学研究基地、浙江大学宋学研究中心常山宋学研究基地、钱塘江文化研究会常山江文化研究基地；与中国社科院城市发展研究中心、浙江大学宋学研究中心等机构合作，借助县文联、县社科联及诗词协会、作家协会等团体，吸纳县内外古典文学爱好者、历史文化研究专家及热心人士，成立常山江“宋诗之河”文化研究会。目前，“宋诗之河”文化研究会共有会员 56 人，常态化开展常山历代诗咏、文化高地标识体系等重点课题的研究，为实施相关项目提供理论支撑。

三是厘清文脉，创作精品。以“常山宋诗”挖掘为主，加强诗集作品、诗人行迹、宗教哲学、民间信仰、文学艺术、风土人情、商业贸易等系列作品的研究，对常山历代诗咏、文化高地标识体系、“十大历史文化名人”等文化进行重点研究，形成常山江“宋诗之河”独有的文学体系。经过深入的研究和整理，目前已整理历代诗词 4 200 余首、经典宋诗 1 000 余首，编撰出版《常山古代诗词集》《常山宋诗一百首选注》《常山宋诗地名考证》，完成《浙江文史记忆·常山卷》《一本书读懂常山人文（两册）》《一门九进士》等10余部研究成果，涵盖了常山的历史、文化、人物等多个方面，为深入了解“宋诗之河”提供了宝贵的历史资料，为常山赓续传承宋韵文脉提供了坚强的理论和文化支撑。

2. 坚持项目带动，让“宋诗之河”有景可观

一是做好新建工作。在常山江县城段、长风段、招贤段建设三大“宋诗文化长廊”，打造展示常山宋诗和优秀历史文化的重要窗口。结合县城段常山江防洪堤建设与沿岸景观改造等项目，在沿江两岸规划建设一批宋诗长廊和宋诗文化公园，使之成为城市最亮丽的文化风景线；结合长风村美丽乡村重点村建设和全域旅游开发，在长风段沿江游步道建设以赵鼎、魏矼、范冲、翁蒙之等宋代“四贤”诗歌作品为内容的“宋诗文化长廊”；结合招贤古渡保护和招贤段常山江防洪堤建设，在招贤古街规划建设以杨万里、陆游、辛弃疾等作品展示为重点的“宋诗文化长廊”。积极开发建设芳村村、招贤村、金源村三大“宋代文化小镇”。在芳村镇芳村，以开发宋镇文化为重点，挖掘北宋农民领袖方腊与芳村的渊源，按照宋代风情，开发芳村古街，沿芳村溪开发“宋词长廊”，恢复宋代古刹炉山寺，使芳村镇成为风格独特的宋代文化小镇；在招贤镇招贤村，以大诗人杨万里、陆游的诗歌为主，建设杨万里纪念馆和宋诗展览馆，加强招贤古街保护开发力度，规划建设“宋诗文化长廊”；在东案乡金源村，充分开发王氏“一门九进士”所留下的诗篇，弘扬“贤良文化”，挖掘王介与苏东坡、王安石、米芾等历史名人交往的文化资源，修缮世美坊和王氏宗祠，做足宋代文化文章。除了打造宋诗文化长廊、宋代文化小镇以外，常山还投入4 000多万元，新修建文昌阁等文化地标；投资5.7亿元，打造总建筑面积近7万平方米的常山文旅博览中心，包括集常山宋诗展示、诗人介绍、研究成果展现、吟诵体验于一体的“宋诗之河”主题博物馆；在沿常山江诗画风光带设立若干以农村文化礼堂为平台的宋诗驿站，让常山江“宋诗之河”沿线村庄成为文化村、宋诗村、景观村。

二是做好修缮工作。与浙西民居风貌提升、美丽乡村建设等工作相结合，投资近500万元，对“宋诗之河”沿岸重要节点文物进行抢救性保护，对“宋诗之河”沿岸的招贤古渡、杨万里诗歌纪念馆等重要文物遗存进行抢救性保护，对常山江流域内具有历史文化价值的古镇、古村落、古渡、古建筑、古桥梁、古驿站、古道等进行重点修缮保护。加强文峰塔、万寿寺、炉山寺、招贤古渡、世美坊等宋代文化遗产的保护与修缮，努力恢复“四贤祠”、赵鼎墓“忠简古冢”、定阳书院和石门书院等具有标志意义的宋代文化遗存，建成德川行、里择祠、方文彬故居、樊氏大宗祠、泰安王氏宗祠、赵鼎墓“忠简古冢”等文化遗产的修缮修复，对沿线区域建筑风格进行控制，以免影响历史原貌，全力留住历史文脉、保存城市记忆。

三是做好提升工作。结合“微改造精提升”行动，围绕“体验更精致、景观更精美、设施更精良、服务更精心、运营更精细”五大工程，因地制宜，推动宋诗元素、宋韵文化深度融入古村古街、景区景点，让乡村景区文化味、宋韵味、艺术味更加浓厚。例如，以宋诗元素为底色，改造提升杭金衢常山服务区，建设四省边际“城市共享客厅”和旅游集散中心；投资13.6亿元，提升北门历史文化街区改造工作，深挖文化内涵，通过古风民俗、非遗展示、国风演艺、文化节、美食节等场景塑造，建设“宋诗体验馆”，植入诗词文化元素，整合“游、学、购、娱、住”服务功能，推动运营场景与内容融合，打造具有宋韵魅力、饱含历史记忆、赋能城市升级的宋代文化街区。

3. 坚持文旅赋能，让“宋诗之河”有点可玩

一是打造旅游线路。围绕宋诗文化主题，依托省历史文化村落资源优势，开发宋诗文化体验旅游专线。结合浙皖闽赣“95号联盟大道”建设，把沿线的古寺、古村、古道、古居以及沿江乡镇全部纳入“宋诗之河”沿线景观，尤其是挖掘“一门九进士”、王介、苏东坡等历史文化名人IP，串点成线，统一建设，使宋诗文化与沿线景观有机融合。围绕宋诗文化主题，开发“宋朝风情”陆上观光线和“宋诗水韵”水上观光线两条旅游专线，通过刻石立碑、建馆展览、景观复原、同步上线“宋诗之河”电子地图等形式，打响“给我一日，还你千年”“跟着宋诗地图游慢城”等口号，构建宋诗实景地标图解体系，探索建立“现代旅游根据地”新模式，打造出“宋诗之河”诗路黄金旅游带。

二是举行文旅活动。常山县在实施文旅拓展行动中，全力打造“宋诗之河”，举办了一系列与宋诗相关的文艺活动，以促进宋韵文化的传承和发展。2019 年，第十届全浙书法篆刻大展以“常山江——宋诗之河”为主题，让广大书法爱好者走进“千年宋诗河”，展示书法艺术与古典诗歌的完美融合；2022 年 7 月，由县文广旅体局主办了“宋诗之河 陈力农水墨画展”，现场展出了以《常山形胜图》为代表的《常山宋诗组画》等 70 幅作品，将常山江“宋诗之河”风采神韵展现得淋漓尽致；2023 年 3 月，由衢州市社会科学界联合会、中共常山县委宣传部联合主办的常山县“宋韵诗情，情系常山”宋诗之河文化品牌推广活动在杭州举行启动仪式，持续擦亮常山“宋诗之河”诗路文化品牌和宋韵文化品牌；2023 年 4 月，由交通旅游导报承办的“宋韵诗情 情系常山”自媒体采风活动邀请了来自小红书、微博等平台的旅行、文学、美食博主们组成自媒体采风团，进行实地采风和宣传；2023 年 8 月，由常山县作家协会主办的宋韵诗词茶话会活动，以古琴演奏、点茶表演的形式，拨开宋韵雅集的序幕，将观者带回千年宋朝，领略宋雅风韵。此外，常山文旅长三角（上海）推介会、“诗驿江南”长三角朗诵大会以及在“宋诗之河”举行的中国龙舟公开赛、中国皮划艇巡回赛、“UU 音乐节”等，吸引了来自全国各地的体育迷和乐迷来常观看，促使“宋诗之河”文化品牌的知名度、美誉度不断攀升。

三是开发文创产品。加强宋诗之河旅游文化产品开发，在出行、饮食以及纪念品等方面植入宋诗文化元素，推动宋诗文化产业发展。在出行方面，以现代常山行政区域为基础，根据宋代常山乡镇区域进行划分与命名，绘制全国首张“宋诗地图”，选出了 100 首脍炙人口的常山宋诗，在地图的相关节点上进行标注，方便人们能够更加直观形象地了解常山江“宋诗之河”的辉煌历史。在饮食方面，结合宋代诗词文化与现代餐饮，推出宋诗宴，包括冷菜六道、热菜十八道（分为古景系列和宋诗系列）、点心两道、主食两道，所有菜肴均以古景宋诗命名；以杨万里在《过招贤渡》中“一生憎杀招贤柳，一生爱杀招贤酒”的描述为背景，开发常山特有的招贤酒。在纪念品方面，与杭州高端文创公司合作，开发打造宋诗文化主题的伴手礼和纪念品，力图设计创造出更加令消费者满意的宋文化创意产品，提升“宋诗之河”文化品牌传播的广度和热度。

4. 坚持交流宣传，让“宋诗之河”有文可读

一是加强“宋诗文化”学术研讨交流。加强与国内外著名高校、社科联及宋文化、古典文学研究领域专家学者的合作，开展“对话·宋诗之河”、常山江“宋诗之河”发展论坛等活动，借力提升常山江“宋诗之河”研究水平，为解码宋韵文化基因搭建了学术交流平台。例如，与浙江省文学艺术界联合会、浙江省书法家协会联合举办浙江书法奖·沙孟海奖第十届全浙书法篆刻大展，以“常山江——宋诗之河”为主题，面向全省书法爱好者征稿5 000余份，352幅作品在杭州展出，并由浙江人民美术出版社汇编出版；与浙江工业大学人文学院专家团队合作，开展常山江“宋诗之河”社科重点课题研究；举办常山江“宋诗之河”研讨会、高峰论坛，邀请来自浙江大学城市学院、杭州师范大学等国内宋代文化、诗词文化研究方面的专家学者围绕如何认识和打造“宋诗之河”广泛深入开展讨论与交流，并分享各自的观点；与钱塘江文化研究会合作，每年举办“对话·宋诗之河”高端文化交流活动，围绕文化赋能乡村振兴、共同富裕、城市建设等话题开展对话，唤醒乡村沉睡的文化资源，建立发挥文化资源的管理机制，不断焕发乡村新的生命力。

二是促进“宋诗文化”文艺作品宣传。依托“宋诗之河”文化研究会等机构平台，加强学术交流合作，在文学、书画、戏剧、摄影、歌曲等方面开展文艺作品交流，创作一批有影响力的宋诗题材文艺研究成果，推动常山江“宋诗之河”文化品牌走出去。一方面，以报纸、杂志、小说的方式开展宣传。在常山电视台、爱常山客户端等平台上开设《争创中华诗词之乡》栏目，刊发各类报道60余篇；在报纸《今日常山》开设《诗歌长廊》栏目，刊发作品200余首；在文艺刊物《三衢山》开辟“古韵”专栏，累计刊发诗词作品千余篇；创办《宋诗之河》杂志，设有《千载古县》《爬山涉水》《三衢诗咏》《画里乡村》等相关栏目；以“家国情怀·宋韵传奇”为主题的长篇小说《孤马传》更是以鲜活的形式展示了具有常山辨识度的宋诗文化，常山江“宋诗之河”影响面日益扩大。此外，《新华社高管信息》《今日浙江》《政策瞭望》《党政视野》《衢州政研》等各级党委机关刊物也进行了广泛宣传推介，常山宋诗美誉度和影响力不断提高。另一方面，以视频、歌剧的形式开展宣传。与国家、省、市级媒体合作，摄制宣传片《寻迹宋韵：宋诗之河》《钱塘江诗路：千载古县 宋诗之河》《千载古县宋诗之河》，编排“宋诗之河”歌舞剧《千年宋诗河——梦回招贤》等文艺作品，及时将常山江“宋诗之河”相关研究成果及工作推进情况在主流媒体和新媒体上发布。其中，推出的宋诗文化宴等美食视频，更是获浙江卫视实景类美食探秘综艺节目《“食”万八千里》推介。常山江“宋诗之河”文化品牌一经推出，便引起了各级媒体的广泛关注。新华社、央视、中新社、人民网、浙江日报等权威媒体推出了一批深度报道，吸引了网易、搜狐、新浪、凤凰网等 40 多家门户、资讯网站、外媒网站及各新媒体平台推送，总阅读量突破 2 000 万人次。

三是推动“宋诗文化”融入百姓生活。在公园内制作宋诗提示牌、在道路两旁设置宋诗广告、在办公用品上印有宋诗的标志，常山县积极推动宋诗文化进机关、进企业、进社区、进校园、进礼堂，不断扩大常山宋诗在群众中的知晓率和影响力。县委宣传部和文联带头试点，通过编印《宋诗之河》《三衢山》等刊物，诗词上墙，制作宋诗扑克牌（54 首宋代诗词）等形式；县新华书店在户外大屏展示宋诗地图，在二楼长廊布置“诗词发展之路”，制作诗词印章开展打卡活动；渡口社区组建邻礼 U 诗社，开设唐诗故事、诗词鉴赏等课程，开展诗词朗诵与书写等活动，展示诗社成员作品，丰富居民文化生活；屏山、紫港、文峰、金川等社区开设诗词班，组织学生进行诗词学习培训；在小区绿化带和东明湖公园等休闲区展示常山古代诗词；在三衢石林景区游客接待中心设置诗词展示大屏、在景区洗手间悬挂诗词元素提示牌、在三衢山脚下集中打造环形诗词长廊等等，通过这些措施，让更多人了解、欣赏并参与到宋诗文化的传承与发展中来。

（二）常山江“宋诗之河”文化品牌取得的成绩

省发改委规划研究院多次调研常山江“宋诗之河”，并将常山江“宋诗之河”纳入了“四条诗路黄金旅游带”项目规划；省社科联对常山江“宋诗之河”高度重视，始终指导支持“宋诗之河”各项工作的开展；省文旅厅领导明确表示对常山江“宋诗之河”文化品牌打造将给予大力支持，浙江省委常委、宣传部长朱国贤、浙江省委宣传部常务副部长来颖杰以及衢州市委常委、宣传部长钱伟刚，先后对常山江“宋诗之河”作出重要批示。其中，朱国贤部长在批示中指出，“常山县弘扬优秀文化，倾力打造宋诗文化旅游融合项目，培育文化品牌，有力地推进了文旅融合，望继续努力，打造常山特色品牌，推动文旅融合高质量发展”。

2019 年 12 月 12 日，常山江“宋诗之河”入选浙江省首批 17 个诗路旅游目的地培育名单。2019 年 12 月 24 日，常山县被浙江省诗词与楹联学会授予“浙江省诗词之乡”荣誉称号。2022 年 1 月，“宋诗之河文化带”项目被列入首批 100 个“浙江文化标识”培育项目，“宋诗之河”“常山胡柚”“喝彩歌谣”3 个项目被评为省级“优秀解码项目”。同年 10 月，“宋诗之河”在全省 100 多个优秀参评项目中脱颖而出，被评为全省十个创新培育项目之一。2023 年 12 月，中华诗词学会授予常山县“中华诗词之县”称号，授予常山县阁底小学为“中华诗教示范学校”，授予常山县新华书店、常山县渡口社区为“中华诗教示范单位。

常山县通过多措并举，全面推进“宋诗之河”文化品牌的打造，在整体规划、文化研究、项目投资、文旅融合、生态保护以及宣传推广等方面均取得了显著成效，为打造诗路黄金旅游带和提升文旅品牌影响力打下了坚实基础，为实现“文化自信自强，铸就社会主义文化新辉煌”的目标做出了贡献。

四、经验启示

（一）坚持党的领导，深刻领会上级部门文件精神

近年来，中央和省委对传承与弘扬中华优秀传统文化高度重视。党的二十届三中全会强调，必须增强文化自信，发展社会主义先进文化，弘扬革命文化，传承中华优秀传统文化，加快适应信息技术迅猛发展新形势。中国特色社会主义新时代的文化传承要求各地区要充分挖掘优秀传统文化的价值精华，遵循中国特色社会主义价值原则，立足国情，与时俱进，增强文化自信。这意味着加强对优秀传统文化的保护，扩大其传播范围，不仅是对中华优秀传统文化的忠实继承和弘扬，也是对中国特色社会主义文化建设的重要贡献。对于浙江而言，省委、省政府实施了中华优秀传统文化传承发展工

程，做出了打造诗路文化带、诗画浙江大花园的重大决策，强调要加大文化与自然遗产、历史文化风貌保护力度，挖掘传承地方特色文化，进一步延续浙江文脉。常山江“宋诗之河”作为钱塘江诗词之路文化带的重要组成部分，打造“宋诗之河”文化品牌是贯彻落实中央与省委要求的“最后一公里”，既是对优秀历史传统文化和地方特色文化的弘扬与传承，更是常山建设省级历史文化名城和“江南水乡风物清嘉的文化名县”的盛举。

（二）坚持实事求是，因地制宜开展文化振兴工作

在省委、省政府提出“打造钱塘江唐诗之路”的战略决策后，常山县作为钱塘江的源头县，迅速响应并启动了对唐诗资源的深入调查。然而，调查结果却出人意料：常山的唐诗数量寥寥无几，而与此同时，却意外地发现了大量珍贵的宋诗资源。这些宋诗不仅数量众多，而且质量上乘，它们如同一颗颗璀璨的明珠，镶嵌在百里常山江上，使得这条江流成为一条罕见的“宋诗之河”。在这种情形下，盲目地提出打造常山“唐诗之路”，显然是不符合历史史实的，尊重历史，尊重事实，不应该为了迎合某些战略决策而违背历史真相。因此，常山县坚持实事求是，以创新的勇气和对历史负责的担当精神，在缺少唐诗资源的条件下，创造性地提出了打造“宋诗之河”，为诗画浙江建设提供“常山样本”的重要决策，为省委、省政府打造钱塘江诗路文化带拓宽了新视野，丰富了诗画浙江大花园的美丽内涵。坚守实事求是的原则不仅深深植根于其坚实的理论基础之中，更生动体现在实践方法和价值追求上。在精心雕琢“宋诗之河”文化品牌的过程中，无论是充满诗意的宋诗文化长廊，还是饱含韵味的宋代文化小镇，都是将对宋代诗歌的深刻理解和研究与当下的实际情况紧密结合，是在现有居民生活环境基础条件上精心打造的。既严格遵循历史事实的真实性，又以人民群众对美好生活的向往为出发点，力求活动内容激发现代公众的广泛兴趣，满足人民日益增长的文化精神需求，让“宋诗之河”文化品牌在众多文化品牌中熠熠生辉。

（三）坚定文化自信，注重发掘自身优势和特色

中华优秀传统文化作为中华民族的“根”和“魂”，是中华民族最深沉的精神积淀，是中国最深厚的文化软实力，也是增强文化自信的丰厚滋养。

文化自信是建立在中华优秀传统文化基础上的。常山1800年建县史，是五千年文明史的组成部分和缩影，有对优秀传统文化的传承，也具有自身浓郁特色的优秀区域文化。常山历史文化孕育于古代北方常山郡，在宋代进入辉煌的文化高峰期，仅宋代进士就达近百名之多；常山江是南方八省与两浙之间的重要航运通道和景观大道，大量诗人往来，留恋秀丽风光，写下大量诗篇；同时由于经济发达、寺庙众多，吸引了大批“宋室南渡”的官员文人来常山寓居，其中就包括著名中兴贤相赵鼎，成为常山宋诗的重要来源。而在此前唐朝，此后元、明、清等朝代，常山历史文化成就却相对要平淡得多。宋诗的知名度虽不及唐诗宋词，但“收复中原、还我河山”成为诗人表现的重大主题，爱国诗的大量涌现，使宋诗在这方面成为超越前代并给后世以莫大影响的典范，这也是常山宋诗最重要的特色。打造“宋诗之河”文化品牌，不仅促进了地方经济的发展，也提升了群众的生活质量，使他们更加认同和自豪于自己的文化遗产，彰显中华民族文化自信的底气，这与我们当前所倡导的社会主义核心价值观、中华民族伟大复兴的中国梦是高度吻合的。

（四）坚持以人为本，满足人民对美好生活的文化需要

发展归根到底是为了人民。在新时代，人民对美好生活的向往已经从物质短缺和基本温饱转变为更高水平的全面小康，精神文化需求日益成为群众美好生活的重要组成部分。党的二十大报告中进一步指出，必须坚持在发展中保障和改善民生，鼓励共同奋斗创造美好生活，不断实现人民对美好生活的向往。因此要坚持以人民为中心的发展思想，做好文化惠民文章，通过项目化、物化、具象化等表现方式，让优秀传统文化融入城乡建设，进入群众生活，发挥以文化人、陶冶情操的教化作用，提升群众的文化自信和历史自豪感；通过文旅融合、发展文化产业等途径，让文化产生效益，成为人民增收致富的渠道，为群众创造美好生活发挥积极作用。打造“宋诗之河”文化品牌，是实现文化惠民、满足人民对美好生活需要的重要途径。通过加强文化基础设施建设、完善公共文化服务网络、创办多样的文化惠民活动，持续为农民群众提供看得见、听得到、可感知、可分享的优质文艺演出，让群众广泛享有免费或低成本的文化产品和服务，让老百姓真正感受到文化的魅力和价值，从而提升群众的获得感、幸福感和安全感。

五、未来展望

下一步，常山县将以“中华诗词之县”创建为契机，落实更加有力举措，大力培育“宋诗之河”文化标识，构建“宋诗之河”系列文创产品研发体系，进一步弘扬发展诗词文化，让常山江“宋诗之河”焕发全新活力，让“中华诗词之乡”成为常山“一切为了 U”城市品牌的重要组成部分。

（一）厘清“宋诗之河”与宋韵文化的关系

厘清“宋诗之河”与宋韵文化的关系，对于更好地传承和弘扬常山的“宋诗之河”文化品牌具有重要意义。不仅有助于更全面地认识和把握宋韵文化的精髓和价值，还能更好地发挥和传承常山的“宋诗之河”文化品牌，促进地方文化的繁荣发展，提升公众对传统文化的认识和尊重，增进文化自信，推动社会主义核心价值观的培育和践行。

从定义来看，宋韵文化是两宋时期的文化总称，包含了广泛的文学艺术和社会生活内容，反映了中国历史上宋代经济、政治、文化、科技和社会发展的高峰地位和辉煌盛况的精神活动及其产品。常山江的“宋诗之河”是指在常山县打造的一个文化品牌，旨在传承和弘扬宋代诗歌文化，是宋韵文化的重要载体和重要组成部分。从具体表现形式来看，宋韵文化不仅体现在文学艺术领域，还包括生活美学、社会制度等多个方面。例如，宋代的诗词、书法、绘画等艺术形式都带有浓厚的宋韵文化特色。而“宋诗之河”则通过其美丽的自然景观和深厚的文化底蕴，成为文人墨客创作灵感的源泉，进一步丰富了宋韵文化的内涵。宋韵文化和“宋诗之河”虽然各有侧重，但它们之间存在着紧密的联系。一方面，宋韵文化的精神特质为“宋诗之河”的文化建设提供了理论基础和文化支撑，宋韵文化的理学思想、家国情怀、忧患意识等都深刻影响了宋诗的创作和审美取向。另一方面，“宋诗之河”是宋韵文化在当代的具体体现和传承方式，通过打造文化品牌来弘扬宋代诗歌的艺术成就和文化精神。两者共同构成了两宋时期丰富多彩的文化景观，展示了宋代文化的辉煌成就和独特气质。

（二）持续打响“宋诗之河”文化品牌

持续做好宋诗文化的研究和传承工作。通过学术研究和文化挖掘，进一步明确宋代浙东地区的文化脉络和特色，推出一批具有辨识度的重大研究成果，为“宋诗之河”的品牌建设提供坚实的理论基础。持续推动文旅项目落地落实。全力推动沿江存量酒店建设和盘活，加快宋诗文化长廊、宋代文化小镇以及相关文化景观的建设。完善交通规划、商业策划等配套措施，以提升整体旅游体验。鼓励企业和社会资本参与文旅事业，形成多方合力共同推动宋诗之河项目的落地落实。利用数字技术赋能宋诗文化，如运用虚拟现实和增强现实技术，重现宋代诗词中的景象，增强互动性和沉浸感；通过互动视频诗歌的形式，让读者在观看的同时参与其中，增加阅读的趣味性和互动性。此外，还可以通过直播的方式将宋代相关文献和宋韵文化活动相结合，向国内外观众传播和分享，吸引更多年轻人关注和参与。

（三）持续打造“宋诗之河”地标建筑

打造宋韵文化地标建筑不仅是对历史文化遗产的一种保护和传承，更是对现代城市文化的一种创新和发展。通过这种方式，可以让千年宋韵在新时代“流动”起来、“传承”下去，为新时代的文化浙江建设注入历史智慧和人文韵味。打造“宋诗之河”地标建筑要强调生态和可持续性。现代城市设计越来越重视生态环境的保护和可持续发展，因此在打造“宋诗之河”的过程中，应采用环保材料和技术，降低能源消耗，确保建筑和环境的和谐共生。打造“宋诗之河”地标建筑要强化文化传承与创新。在设计地标建筑时，应注重传统文化的传承，融入宋诗文化元素，同时引入“国潮风”等现代创新元素，使建筑既有深厚的历史文化底蕴，又不失现代感。打造“宋诗之河”地标建筑要强化文化教育功能，除了作为观光景点外，地标建筑还应成为传播宋代文化和诗词教育的重要场所，可以通过设置展览馆、讲座厅、互动体验区等方式，让公众更深入地了解宋诗文化。

一场改革破局两山转化

一、案例概述

随着人类社会的发展和进步，人与自然的关系日益紧张，生态环境恶化问题日益突出，如何实现人与自然的和谐共生成为人类面临的重大挑战，如何利用有限的生态资源，实现生态价值利用最大化是各地政府着力破解的重要课题。近年来，常山县全面推进生态文明建设，大力实施“两山”转化行动，聚焦县域生态资源转化通道窄、效率低、效益差等关键问题，通过组建两山合作社，深入探索生态产品价值实现机制，将其打造成为“资源集聚、资产交易、招商对接、融资增信、生态反哺”的综合性平台，打通了生态资源高效转化的便捷通道，使其成为共同富裕的“桥”和“船”。截至 2024 年 8 月，“两山合作社”已登记闲置资源 29.9 万亩，总价值 53.19 亿元，资源登记率增长 70%，收储闲置资源 2.4 万亩，收储价值 20.1 亿元，助力全县 176 个村集体增收 7 967 万元。相关改革入选省级乡村振兴典型案例，获“省改革突破奖”铜奖，被评为浙江省生态文明教育基地、省委党校（浙江行政学院）现场教学基地，云脑应用纳入数字政府“一地创新、全省共享”试点等近 30 个奖项，经验做法多次在省市重要会议做典型发言。

二、案例缘起

（一）案例背景

2020 年 9 月，常山聚焦生态资源资产转化，成立并实体化运作“两山合作社”，进一步拓宽“绿水青山就是金山银山”转化通道，实现了生态效益、经济效益、社会效益的同步提升。

1. 思想引领方向

2003年7月，时任浙江省委总书记习近平同志来常山调研时要求处理好加快经济发展与保护环境的关系。2005年8月，习近平同志首次提出“绿水青山就是金山银山”的科学论断。这一理念是习近平生态文明思想的重要内容，也是推进山区县实现跨越式发展的关键路径。常山聚焦生态资源价值转化，创新推进“两山合作社”体系化变革，是践行“两山”理念的生动实践，对进一步深化生态价值转化理论内涵，丰富“共同富裕与生态价值”的内在理论阐述具有重要意义。

2. 政策树立导向

“两山合作社”即曾经的“两山银行”。为更好地实现生态产品的价值、打通“两山”转化通道的路径，2020年，浙江省提出鼓励各地开展“两山银行”试点工作。同年4月，安吉县发布《“两山银行”试点实施方案》。9月，常山在全市率先成立两山银行，成效显著，并于2022年2月作为典型在全省高质量发展建设共同富裕示范区推进大会上报告。2023年7月1日，由浙江省发展改革委等六部门联合印发的《关于两山合作社建设运营的指导意见》正式实施，两山合作社由点上探索进入面上推广。据年度评估报告，截至2024年8月，浙江省已成立39家两山合作社，其中市级3家（湖州、衢州和丽水）、县级36家，涉及杭、甬、温、湖、绍、婺、衢、台、丽9市，实现省内山区县以及湖、衢、丽三市全覆盖。

3. 初心召唤使命

钱江源头的地理区位要求常山必须保护好绿水青山。常山位于钱塘江源头区域，县域生态环境优良，森林覆盖率高达71.57%，空气质量保持在二级以上，PM2.5≤31微克/立方米，出境水水质常年保持Ⅱ类水以上标准，被评为全国第7座国际慢城，是全球绿色城市、国家重点生态功能区、浙江省重要生态屏障、全国百佳深呼吸小城十佳示范城市，有“千里钱塘江、最美在常山”美誉。加快发展县域经济要求常山必须守护好绿水青山。常山经济体量小、底子薄、财力弱等问题尚未得到根本性扭转，发展不平衡不充分问题仍然突出，产业集聚度较低，“航母型”“链主型”企业缺乏，土地、能耗等要素制约日趋严重，这些短板弱项仍然是制约社会经济发展的主要瓶颈，正是这些不足要求常山必须走绿色发展之路，用高水平生态环境推动经济社会的高质量发展。共同富裕的历史使命要求常山必须转化好绿水青山。高质量发展建设共同富裕示范区，是党中央赋予浙江新的光荣使命。常山作为浙江的重要组成部分，必须抢抓机遇，积极探索生态价值转化机制改革，畅通绿水青山与金山银山之间的转化通道，带动老百姓增收致富。

4. 问题激发变革

常山成立“两山合作社”，主要也是基于解决现实发展中的四大困惑。其一是低效闲置的困惑，大量生态资源闲置、抛荒或低效利用，不能实现价值转化，造成资源浪费；其二是支农无奈的困惑，大部分有偿取得的权项，得不到金融机构的认可，沉淀的资金无法盘活，生态资源的金融转化存在堵点；其三是增收乏力的困惑，村集体或资源权属人，很难从生态资源资产的转化利用中获取收益，“守着金饭碗讨饭吃”的现象比较普遍；其四是招商开发的困惑，有招商资本对接时，由于存在生态资源布局分散、农户坐地起价等问题，造成政策处理难度大、周期长，影响部分项目顺利落地。

5. 理论夯实基础

生态价值转化是优化生态环境建设的必然举措，也是推进乡村振兴、实现共同富裕的重要载体，具体有以下几个特点：①原生性。生态价值转化目的在于将原来的生态资源进行再重组、再整合、再优化，杜绝破坏原有的生态结构与生态链条，要实现生态价值转化的基本原则之一，就在于对生态的原生保护，在原生环境的基础上，进行合理开发，而不是盲目破坏资源、改变生态、注入资本。②市场性。一旦给生态插上了价值转化的翅膀，势必就会进行一系列资本运作，以达到经济与生态社会的双赢。要实现生态价值的合理转化，就要转变思路，开阔视野，将生态资源作为一个市场产品，利用市场化、经济化的眼光与模式进行运作，给生态赋予经济价值，以实现生态价值的合理转化。③综合性。进行生态价值转化，不是简单地保护生态环境，也不是单纯地进行产业开发，更侧重的是以“美丽乡村”为背景，挖掘乡村的更多潜在功能，导入要素、形成经济新业态，以实现三产融合。

由此可见，生态环境保护、生态产品开发与经济社会发展之间是正向引导、互补嵌入的关系，常山以“两山合作社”为载体，立足生态实际，在生态价值转化上不断探索新的发展路径，让农民富起来，让农村火起来，让农产业热起来，从而达到使全民共享发展成果，实现共同富裕的目标。

（二）基本情况

常山两山合作社成立于2020年，依托生态云脑，借鉴商业银行零存整取的模式，分散式存入生态资源资产，集中式取出整合后的标准化资产包，实现资源的最大化利用，发挥好生态转化的主通道、集成改革的主抓手、共同富裕的主引擎作用。

在组织机构方面，常山两山合作社（常山县生态资源经营管理有限公司）作为常山农投集团一级子公司，财务独立，人员专配，实行实体化运营。公司内设综合管理部、资产管理部、评估担保部（产权交易）、招商运营部、计划财务部、风险管控部六大职能部门，根据职责分别负责资产收储管理、招商对接、资产交易、投资管理、风险控制等工作。根据需要设立若干乡镇或村级子公司，就近负责集中连片、规模较大资源资产的集中收储、开发提升和运营管理等工作，并搭建多方利益共享纽带。在工作流程方面，常山两山合作社逐步形成工作八步法（资源清查—确权评估—流转归集—标准配套—多元经营—精准授信—收益分红—生态评估），从资源端到产业链，按照资源收储转化全流程进行跟踪管理，规范工作流程。在架构支撑方面，在两山合作社运行中，农投集团着眼产品应用的底层支撑，针对资源收储整合、金融创新、财政扶持、风险控制、数字赋能以及业务流程等关键事项，完善了“10＋1”制度体系，同时，根据发展需要，搭建十大支撑机构（村级合作机构、评估机构、担保机构、公证机构、农村产权交易中心、金融机构、土地收储中心、专业招商组、产业运营中心、产业基金），以十大支撑机构的不同目标定位分别用以解决两山银行运行过程中的不同难题，精准施策。

三、做法成效

常山县全面推进生态文明建设，大力实施“两山”转化行动，聚焦县域生态资源转化通道窄、效率低、效益差等关键问题，通过组建两山合作社，深入探索生态产品价值实现机制，将其打造成为“资源集聚、资产交易、招商对接、融资增信、生态反哺”的综合性平台，打通了生态资源高效转化的便捷通道，使其成为共同富裕的“桥”和“船”。

（一）创新平台体系，畅通转化路径

1. 创新资源交易平台

常山县政府授权县农投集团出资组建常山县生态资源经营管理有限公司（简称“两山合作社”），注册资本 8 亿元，财务独立、人员专配、实体化运营，并根据需要设立同弓、新昌等若干乡镇或村级子公司。探索印发《常山县生态资源资产交易中心组建运营方案（试行）》，在全市率先成立生态资源资产交易中心。交易的阳光公开，使低价的资源实现大幅溢价，村集体增收大幅增加。截至 2024 年 3 月底，累计完成交易 244 宗，交易总金额达 10 053.33 万元，资产挂网竞价成交率达 72.7%。以水库和拆废类资产为例，通过公开竞价，最高溢价率达 430%和 1186%。

2. 迭代生态资源云脑

迭代两山合作社“生态云脑”特色应用平台，管理端打造资源管理中心、资源交易中心、风险管控中心、绿色投资中心、绿色金融中心、价值实现中心六大主要板块，服务端实现资源登记、收储、金融对接服务、策划评估配套服务、U 碳分等多种功能，新增农用地资源价值智能评估、公司生态经营健康指数等算法模型。目前已完成 180 个村集体生态资产账户搭建，为 4 181 个农户开立生态账户，为生态资源资产全链条转化夯实数字底座。

在两山合作社成立之前，县内生态资源的价值转化，大都以单个主体、单块果园、单幢民房等“低小散”模式的转化为主，难以形成规模优势。两山合作社成立后，制定标准，对资源进行集中统一模式的收储［即农房原则上 5 栋以上且相对连片的可纳入存储；宅基地原则上 5 000 平方米以上相对

连片的可纳入存储；山塘水库须库容 5 万立方米以上的可纳入存储；经济林（胡柚林、油茶林等）原则上 100 亩以上可纳入存储]。资源进入两山合作社后，平台通过整合连片、配套升级，使其更具规模优势和可开发利用价值。目前已登记闲置资源 29.9 万亩，总价值 53.19 亿元，收储闲置资源 2.4 万亩，收储价值 20.1 亿元，累计交易转化资源总量 1.05 亿元。

3. 完善交易门户模块

搭建常山县域内首个生态资源资产交易中心独立门户及系统模块，依托政务云平台打通移动端和网页端同时参与竞价的数据壁垒。完善信息公示、资源资产交易信息、用户个人信息、优秀案例展示等常规功能，搭建优质的竞价系统，满足客户中心读取功能，满足低延时、海量并发的大数据技术支撑，为标签开发、数据注智模型建设、数据孪生体系构建提供丰富的数据基础，提升生态资源资产经营效率和业务创新能力。

（二）强化政策扶持，提升转化效能

1. 完善政策体系

在两山合作社运行中，农投集团着眼产品应用的底层支撑，针对资源收储整合、金融创新、财政扶持、风险控制、数字赋能以及业务流程等关键事项，完善了“10+1”制度体系：分别是生态资源规范化储蓄机制、生态资产标准化整合机制、生态产品多元化运营机制、生态金融个性化支撑机制、生态财政倾斜化扶持机制、生态富民持久化保障机制、生态指标可量化交易机制、生态资源数字化赋能机制、生态资源常态化修复机制、生态开发制度化监管机制、业务办理集成化流程机制。在全市率先出台《常山县深化国资改革推进两山合作社规范化建设实施方案（试行）》《常山县生态开发“标准地”改革建设实施方案（试行）》《常山县两山合作社考核实施办法》等“1+N”政策机制文件，为两山转化提供更多制度保障。

2. 探索确权颁证

结合第二轮土地承包到期后再延长 30 年、农村集体经营性建设用地入市改革工作，探索流转经营权颁证工作，选取 4 个试点村开展闲置半闲置资源确权登记、流转归集工作。完成青石镇马车村和同弓乡关庄桥村入市地块不动产确权登记，实现“交地即交证”。印发《常山县水利工程不动产权登记指导意见》。截至2024年8月，已完成36座水库山塘的不动产权证书办理，颁发陈塘胡柚基地、郭塘村焦坞山塘、郭塘村瑶岭山塘等流转经营权证。《两山合作社改革探索面临的问题与对策建议——以常山县为例》获省委书记易炼红批示。例如，2021年衢州鼎力合水产有限公司通过生态资源交易平台以584万元承包芙蓉水库8年经营权。该企业在水库经营期间，为实行以渔抑藻、以渔净水、好水养好鱼的“人放天养”模式的现实需求，投入资金需求量较大。两山合作社通过实地调查、评估摸底、市场分析，综合研判企业综合实力及具体生态项目的发展前景、预期收益，为企业颁发首张水库水面经营权证。以8年承包权进行抵质押，由县农商银行给予经营主体授信额度300万元，解决经营主体资金紧张问题。

3. 创新补偿模式

两山合作社着力破解生态产品价值实现中“难交易”“难抵押”“难变现”问题，积极构建生态资源资产的市场交易机制，在北京绿色交易所、上海环境能源交易所CCER注册交易系统开立交易账户。并与县公安局、检察院、林水局、金融机构等部门探索经济、林业和环保等方面的合作模式，通过开展“常山县林业碳汇（碳普惠）项目”“常山县CCER造林碳汇项目”建设，探索“碳汇＋司法”模式，出台《关于在办理涉林案件中适用林业碳汇补偿机制开展生态修复的实施意见（试行）》，积极引导破坏森林资源行为人以认购碳汇方式替代修复受损生态环境，并确保涉林案件林业碳汇购买款项用于造林、植被修复、森林可持续经营等林业碳汇项目，不断深化碳汇交易，以实现生态资源资产公平交易、溢价交易、标准化交易为核心，做大交易中心、做通碳汇交易，吸引社会资本投入，盘活生态资源资产，提升闲置低效资源价值。截至2024年3月底，碳汇交易已完成9笔，交易数量3918吨，交易额39万元。

（三）夯实运营底座，强化产业支撑

1. 强赋能，打通融资贷款堵点

长期以来，农业和生态经营主体通过依法有偿形式取得的承包权、种植权、养殖权、使用权等经营权，因生产经营资料难以确权登记，无法通过抵押等形式获得融资，造成资金沉淀，后续投资乏力。两山合作社立足这一痛

点问题，通过融资租赁、承诺收购等方式，为难确权、难抵押的生态资源增信，目前已联合 13 家金融机构开发 14 类生态贷产品，发放生态贷 8.36 亿元。如柚香谷公司扩大产能时，遇到香柚林无法融资的困难，县两山合作社分两次以 5 000 万元收购 8 420 亩双柚种植基地，并返租给柚香谷公司，有效破解企业融资困难，企业产值也从 2020 年的 3 300 余万元，飙升到 2023 年的 12 亿元，带动农户增收超过 6 853 万元，企业发展步入快车道。常山县《深化胡柚全产业链增值化改革 推动“一只果”产业高质量发展》入选全省营商环境优化提升第三批最佳实践案例、全省改革突破奖提名奖。

2. 育品牌，提升生态产品价值

以“常山三宝”为代表的农特产品一定程度上存在主体不强、链条不齐、层次不高等问题。两山合作社充分发挥农业产业投资银行的作用，引进龙头企业，进行农特产品深加工，打造知名鲜果品牌，带动农特产品价值提升。例如，针对常山胡柚种植标准不一、果品质量不高、品牌效应不强等堵点，一方面两山合作社集中流转农户闲置土地、低效胡柚林地 2 000 亩建设自营基地，另一方面对全县胡柚基地、优质种植户进行品质筛选，与有意向的合作社、家庭农场、优质种植户组建胡柚统一的销售联盟，培育“一份常礼”区域公用品牌，授权县域经营主体无偿使用，提升标准化和辨识度。采用“订单农业＋连锁经营＋品牌专卖＋电商直播”模式，推动“柚见 80＋”鲜果等标准果园产品打开了盒马、山姆等高端市场；发挥艾佳果蔬、柚香谷等龙头带动作用，携手江中制药、胡庆余堂开发胡柚膏、胡柚酵素等“U”系列深加工产品 80 余款，胡柚深加工率达 45％，带动鲜果收购价格增长 70％以上。

3. 重引领，扩大品牌市场影响

借助常山两山合作社的名片效应，开展培训基地业务，将“名片效应”转化为“经济效益”。一方面，引进专业团队，共同设立北京格睿生态文明研究院常山分院，合作开发培训课程，努力承接生态产品价值实现的培训业务；另一方面，借鉴其他地区的培训方式、经营模式，探索常山格睿研究院经营新路径。充分利用培训、教育业务进一步盘活千寻酒店、培训中心等产业园内资源。

三、经验启示

“两山合作社”改革，既是践行“绿水青山就是金山银山”理念的创新之举，也是深化生态改革、推动价值实现的创新引领。常山在自身优势不足的前提下，拓宽发展路径、创新发展手段，在改革中找到“小切口下做好大文章，谋划大场景，实现大牵引”的重要抓手。

（一）习近平生态文明思想是指导两山合作社建设的根本遵循

常山地处浙江西大门，属于山区26县之一，山区农村普遍地处偏远、经济发展相对落后，但生态资源优势明显、生态产品要素完备，加大生态产品供给，促进生态价值转化具有广阔的发展空间，同时也是推动山区经济高质量发展的重要引擎。常山时刻牢记2003年习近平同志到常山调研时的重要嘱托，努力处理好经济发展与保护环境的关系，按照习近平总书记的指引，转变发展理念，成立“两山合作社”，通过搭建科学合理、规范有效的制度框架与应用体系，促进生态资源全要素系统整合、科学管理、全民共享，实现了保护与发展的双赢，为山区县创新生态价值转化实施路径提供了方法经验。

（二）生态资源价值转化是实现绿水青山转化为金山银山的有效路径

针对村级集体组织坐拥大量优势生态资源，“守着金饭碗讨饭吃”的局面，“两山合作社”通过共享机制反哺村级集体经济组织，带动增收消薄。例如，在何家乡长风村、新昌乡泰安村资源收储和开发运营中，“两山银行”与村集体签订参股分红协议，承诺头三年分别以35万元、30万元的固定分红给予村集体作为资产入股的收益，3年后视产业运营情况再确定村集体收益模式。生态价值转化，要积极引入村集体入股加盟，扩大农民对于生态价值转化的收益比重，真正让生态资源成为带动乡村振兴、实现区域经济发展、共同富裕的重要载体。

常山探索建立“两山合作社”，就是以生态云脑为依托，有效整合生态资源，促进生态资源价值的最大化，积极引入并打造与现有的生态资源相匹配、相适应的产业体系，有效盘活农村沉睡资源，实现了由“输血式”补贴向“造血式”补给的转变，促进了生态产品多元实现路径。这些成果充分表明，保护生态环境就是保护生产力，开发生态资源产品就是发展生产力，在保护好挖掘好生态环境、生态资源的同时，经济社会也可以得到长足发展。经过数年探索、经营、发展，常山两山合作社走出了一条“数字赋能、挖潜增效、抱团经营”的生态价值有效转化路径，为实现共同富裕搭建了“桥”和“船”，使绿水青山的自然财富、生态财富变成社会财富、经济财富，更好地造福人民群众。

（三）因地制宜是促进生态资源有效转化的重要前提

良好的生态环境是最普惠的民生福祉，实现生态保护和民生保障相互促进与协调发展，就是要结合区域优势和资源禀赋，贯彻创新驱动发展战略，扬长补短、因地制宜地走出一条经济与生态“两不误”的高质量发展道路。两山合作社建设之初，就是基于县情实际，以破解实际发展过程中的“四大困惑”问题为导向，深入调查研究，积极探索创新，从实际出发想问题、做决策、办事情，走出了促进生态资源价值有效转化的新路子，取得了明显成效。例如，县域内各类资源进入“两山合作社”后，平台根据所在区位、当地资源特色、开发强度，分类进行包装策划，形成招商文本并精准对接社会资金，提升闲置低效资源利用价值。例如，收储青石、招贤 8 000 多亩闲置低效利用土地，结合全域土地综合整治项目，引进上市公司亿利集团、岭南股份投资建设香柚湾、胡柚小镇田园综合体。在对生态资源、产品开发时，要注重对资源的分类开发，以提升资源利用率。实践证明，正确的决策离不开调查研究，正确的贯彻落实也离不开调查研究，只有学好、练精这个基本功，把舵定向才能符合实际、符合规律、符合科学。

（四）坚持系统观念是推动两山合作社发挥实效的重要手段

在“两山合作社”成立之前，县内生态资源的价值转化，呈现出“低小散”的特点，难以形成集聚规模优势，“两山银行”成立后，通过制定标准、整改资源、配套升级，使其更具规模优势和可开发利用价值。在进行生态价值转化中，要充分强调“整体性”思维，形成发展合力，助推生态产业整体积极向上发展。

"两山合作社"围绕"三农"问题、聚焦乡村振兴，服务农村经济创新发展，把拓展业务范围与高水平价值实现机制有机统一起来，把农户、资源、资本等要素作为一个有机整体，系统考虑、统筹协调，不断推动生态资源向产业发展延伸、资本要素向农村流动，加快形成农商结合、协调发展、互利共赢的良性循环关系，真正做到了让分散的资源聚起来、让沉睡的资产活起来、让群众的口袋鼓起来。这意味着，推动生态产品价值实现，不是机械地、静态地将目光定在一隅，而是要系统谋划、一体推进生态产业化、产业生态化，源源不断地挖掘蕴藏在绿水青山中的金山银山，持续打通生态产品价值转化通道，推动生态优势转变为经济优势。

五、未来展望

下一步，常山"两山合作社"要重点聚焦围绕生态资源收储、整合提升、价值转化、交易经营等环节，进一步激活资源内在价值、提升资源转化效益，加快破解生态产品价值实现中的现实问题，以"两山合作社"涵养共同富裕"源头活水"，努力探索生态产品价值转化的最佳路径。

（一）做强"政策计算器"，提升服务效能

一是迭代线上平台。借助 IRS（省一体化智能化公共数据平台），进一步打通生态云脑、线上企业综合服务平台（市里统建）、省级两山云交易等平台，梳理集成各类涉"两山"转化服务应用政策，为企业和农户提供资源确权、融资、交易、政策补助、技术支撑等各维度一站式服务。完成生态云脑驾驶舱改版，对系统版式、内容进行迭代升级。二是融通线下链条。加强"两山"转化政策集成研究，形成模块化、流程化、可操作、可定制的政策包，提供跨部门、跨层级、跨领域的一体化服务，节约企业和农户找部门、找市场、找要素的精力。三是完善交易规则。依托生态资源资产交易中心，进一步规范流转交易行为和完善服务功能，搭建绿水青山就是金山银山的转换平台和构建城乡要素有序流动的高速通道，拓展为民服务功能，助力乡村振兴。

（二）升级“改革驱动盘”，突破转化瓶颈

一是助力“两块地”改革。以土地延包全国试点为契机，在白石镇曹会关村探索“一证双面积”登记模式，推进“确权不确地”灵活应用，进一步规范土地确权工作流程。引导闲置宅基地资格权票在同一村集体经济组织内公开挂牌流转，促进资源高效配置、集约利用。二是深化集体林权制度改革。探索建立“产权归属明晰、经营主体落实、责任划分明确、利益保障严格、流转顺畅规范、监督服务有效”的现代林业产权制度。三是探索水利工程不动产权登记试点改革。积极探索“3＋2”确权转换新机制，推进集体山塘水库经营权股份化改革，创新共有产权模式，推进水资源使用权、经营权颁证工作，力争实现水库工程颁证全覆盖。做好“水库＋”文章，促进水利工程价值转化；创新“水美”幸福河湖贷，拓宽绿色融资渠道。

（三）迭代“资源转换器”，助推产业振兴

一是整合资源优势发展双柚产业“地瓜经济”。以“双柚”产业为主导，打造香柚产业“地瓜经济”示范典型，探索“国有企业＋合作社＋民营企业”合作模式，采用入股总部、合建基地等方式，挖掘资源优势，拓宽合作渠道、延伸产业触角，实现资源的共建、共享、共赢，提升常山双柚产业的市场竞争力。力争5年内新增“双柚”种植面积10万亩，打造科技示范基地1个；扩增柑橘类种质资源2种以上，繁育优质胡柚苗木30万株。二是集体经营性建设用地入市助推乡村产业发展。充分发挥两山合作社改革集成作用，创新“同权同价、流转顺畅、收益共享”的农村集体经营性建设用地入市制度，有效盘活农村空闲和低效用地，提升资源开发利用价值。结合新型城镇化工作，开展整村经营试点工作，有效盘活空心村闲置资源，为乡村休闲旅游产业发展提供新空间。三是点“碳”成“金”提升绿色转化效益。探索以“两山合作社”为主导的林地流转模式，创新“两山合作社＋龙头公司＋基地＋农户”四联体模式，推进油茶碳汇先行基地和高标准油茶林项目建设，实施首批造林碳汇CCER试点项目，拓展“碳汇＋”应用场景，探索林业碳汇跨区域收储交易制度。拓展为企服务功能，满足企业增值化需求。

一声问候感召头雁队伍

一、案例概述

2014年，习近平总书记在河南省兰考县指导第二批党的群众路线教育实践活动与乡村干部座谈时指出："乡村是我们党执政大厦的地基，乡村干部是这个地基中的钢筋。"只有钢筋足够坚韧，才能确保党在基层的执政根基始终坚如磐石。推进乡村振兴，最根本的是党建引领，最关键的是头雁队伍。推动基层党建与乡村振兴深度融合，才能带动乡村精彩蝶变。"早上好"是浙江省常山县的党建金名片，其精神起源于常山县新昌乡达塘村。达塘村是浙西地区典型的山区村，长期以来资金、项目严重匮乏，被视为当地的后进村和薄弱村。2017年，在外经商做生意的达塘村村民陈重良回村担村党支部书记。面对村庄落后的局面，他带头每天早起访农户、推项目，通过"早上好"的精神状态，逐渐唤起了党员群众干事创业的激情。短短几年时间，达塘村由一个贫穷落后山区村被打造成为远近闻名的标杆村，走出了一条党建引领乡村振兴、实现共同富裕的新路径。该品牌获衢州市委常委、组织部部长陈玲芳长篇批示。"早上好"《书记讲给书记听》治村教材入选中组部全国优秀媒体课件。陈重良个人先后获得浙江省兴村（治社）名师、浙江省优秀共产党员、浙江乡村振兴共富带头人"金牛奖"等荣誉。达塘村从一个贫困村、脏乱村、信访村蜕变成小有名气的"明星村"，成为共同富裕实践的鲜活样本，像陈重良这样的"早上好"式党组织书记也成了常山县乃至衢州市基层"领头雁"队伍建设的一张金名片。弘扬践行“早上好”奋斗精神，对进一步动员领导干部上下勇担先行使命、奏响实干强音具有重大意义。

二、案例缘起

（一）产生背景

乡村振兴是实现共同富裕的重要内容和主要保障，是中国特色社会主义的本质要求，也是全面建设社会主义现代化国家的关键目标。乡村要振兴重点在基层，重心在农村，关键在“头雁”。农村基层“领头雁”在振兴推进过程中，不仅是直接的推动者和组织者，也是各项路线、方针、政策在农村的一线执行人。发挥农村基层党组织“领头雁”的作用，锻造坚强有力的农村基层领导班子，引领农村高质量发展，对推动高质量发展建设共同富裕示范区具有重要意义。只有建设一支深受群众拥护的高素质、专业化的党组织书记队伍，才能保障基层党组织富有创造力、凝聚力、战斗力，才能应对新时代乡村振兴工程中综合性的内涵，实现人民对经济、政治、文化、社会、生态等多领域多方面的发展要求。

常山县地处浙江西大门，下辖 14 个乡镇（街道）、180 个行政村，是省内加快发展县之一，也是典型的劳务输出型山区县。以该县新昌乡为例，最远行政村距离主城区 63.5 公里，人口仅 1.7 万人，有近 1.1 万人在外务工。长期以来，当地山村缺资源、缺资金、缺项目，党员干部缺干劲，很多村都是集体经济空壳村。

近年来，常山县把建好村社带头人队伍作为实施乡村振兴战略的重要抓手，作为推动山区跨越发展的关键变量，聚力提升组织凝聚力、头雁战斗力、共富带动力，打造“早上好”式村社头雁队伍，推动基层党建与乡村振兴深度融合，带动乡村精彩蝶变。过去 5 年内，常山县先后有 26 名基层党组织书记获评省千名好支书、省市担当作为好支书、省市兴村（治社）名师等荣誉。2023 年 10 月，3 名村党支部书记走进农业农村部发展规划司乡村振兴大讲堂分享治村经验，达塘村党支部书记陈重良还受邀在中组部主办的全国农村党组织书记学习“千万工程”经验培训示范班书记论坛上交流“早上好”兴村模式。特别是新昌乡，先后有3名村支书获评省级兴村（治社）名师，2人获评浙江乡村振兴共富带头人“金牛奖”。在“早上好”式头雁引领推动下，2023年，全县180个行政村，年经济总收入30万元且经营性收入15万元以上基本全覆盖，经营性收入15万～50万元83个、50万～100万元62个、100万元以上34个。

“早上好”精神起源于衢州市常山县新昌乡达塘村。达塘村位于常山县新昌乡南部，村域面积13.1平方公里，人口1 500余人。曾经的达塘地处大山深处，虽有一定资源，但受困于“山城”思维，一直处于“守着金饭碗讨饭吃”的状态。达塘村年轻人大量外出，常住人口严重不足，且平均年龄超过60岁，老龄化问题十分突出，同时由于地理位置偏远，交通不便，村民大都靠着半山坡的一家水泥厂养家糊口，这严重制约了达塘村的经济发展。可以说原先的达塘村内生动力不足、产业结构单一、生态污染严重，村集体经营性收入基本为零，但这一切都随着一句充满朝气的问候迎来了改变。

以前，达塘村是个基础薄弱的村，想要扭转，党支部书记陈重良认为不能“等”只能“冲”。他找准美丽乡村建设的突破口，始终保持“早上”的充沛精力投入工作，争分夺秒抢先机。每天早上七点到村，晚上天黑回家，那是家常便饭，全心全意发展村庄。在职期间，他积极向上争取项目，新建现代农业产业基地，在村里投入发展高端民宿“申山乡宿”，打开了乡村旅游发展格局，也为达塘村发展奠定了良好的开局。正因为陈重良发挥了良好的引领作用，大家干事的激情高涨，两委班子心齐气顺，每天至少有3名村干部到村里值班，在工作上大家从无怨言，大家都把村里的事当作自己的事情，争着做抢着做，是最有凝聚力的班子。村两委干部有时候还开玩笑说“陈书记每天都和村里谈恋爱，一天不到村里心里就难受”，陈重良也因此被大家称为“早上好书记”。在共同富裕建设的大背景下，达塘村抢抓住发展机遇，顺势而为，乘势而上，村两委班子紧扣共同富裕建设目标，以高度的责任感和使命感，不断提升村容村貌，改善农民生产生活条件，在村庄发展、农民增收、村容村貌、基础设施、公共服务等方面不断取得突破，实现村集体经济壮大和农民增收致富“双赢”。

（二）“早上好”的精神内涵

陈重良从鲁迅先生刻在课桌上的“早”字获得灵感，概括提炼了“早上好”精神——早的状态、上的劲头、好的追求。

1. 早的状态

一是起早，天天早起，勤劳奉献的实干作风。通过党支部书记造访，落实“问计于民”，每天上午分类上门走访，听民声、访民情、解民忧；两委干部早会，汇报总结工作，布置每日任务，协调解决问题；支部党员早读，依托乡村振兴讲堂，搭建线上线下学习载体，通过常态学，强化党员党性修养；网格员早巡，网格长、专（兼）职网格员落实网格巡查机制，实时掌握信息动态，及时处置反馈，将问题解决在萌芽之中。二是趁早，抢抓机遇，借势借力的枪杆作风。政策研究得早，上接天线，及时学习梳理上级会议精神、政策方针，找准上级政策与村庄发展的契合点；工作谋划得早，以“等不起”的紧迫感、“慢不得”的危机感、“坐不住”的责任感，结合政策立足村情，提早谋划各项工作；资源争取得早，变在家等资源为上门找资源，变单个用资源为集成资源合力。三是赶早，只争朝夕，雷厉风行的快干作风。小事不过夜，对于群众反映、两委决策、上级交办的小事，做到今日事今日毕；大事往前赶，对于重点中心工作，倒排时序，责任到人，抢抓进度，力争超前完成；难事不过限，对于难啃的“硬骨头”，集中力量，借势借力，全力攻坚，做到不给上级添麻烦。

2. 上的劲头

一是勇敢超，不甘落后，后来居上的拼劲。摆正心态，勇于承认落后，决心改变落后，落后不可怕，逃避最可怕；找准差距，对照标杆，把自己摆进去，把职责摆进去，把工作摆进去，搞清楚问题是什么，症结在哪里，拿出破题实招硬招；奋力赶超，争分夺秒，紧抓落实，奋力前行，打开新局面，推动新发展。二是事事争先，敢拔头筹的闯劲。党性争先，党员干部对照初心找差距，相互比拼强党性，人人争做听党话、跟党走的“忠诚卫士”；能力争先，围绕政治综合能力、致富带富能力、服务群众能力、攻坚克难能力、调处矛盾纠纷“五大能力”，强化实战锤炼，做村庄治理的“行家里手”；工作争先，对各项工作都要做到“三个第一”（即完成速度第一、完成效率第一、完成质量第一）。三是创标杆，争创一流，勇立潮头的韧劲。要有大局意识，格局要大、视野要宽，摒弃“山村”思维，跳出本地看本地，力争登上更高舞台、争取更高成就；要有创新意识，解放思想，开动脑筋。锻炼敢为人先、敢想敢干的胆识和气魄，勇于打破原有框框、突破惯性思维，努力走出新路子，推动新发展；要有标杆意识，敢于和大的比，跟快的赛、跟强的拼、向高处攀，条条线线争先，方方面面争强；要有品牌意识，牢固树立品牌意识，把每一件事做到极致，打造人无我有、人有我优、人优我特的特色品牌，释放最大品牌效应。

3. 好的追求

一是事事好，善始善终、十全十美的干事追求。做到支部强，带好带强班子队伍，做实做优“三联工程”，打造坚不可摧战斗堡垒；产业兴，盘清家底，盘活资源，借势借力，壮大产业，实现村强民富；风貌美，道路庭院一尘不染，绿水青山一览无余；村风好，村事大家议，村事大家管，邻里讲和谐，矛盾不上交；活力足，畅通“两进两回”渠道，用好“两山合作社”，依托数字平台，激发发展活力。二是人人好，互帮互带，共同致富的“大家”氛围。实现“家文化”治村，党支部书记是当家人，党员干部是子女，村民是长辈。三是村村好，结对帮带，绘就全域振兴的美丽画卷。以强带弱，开展导师帮带，兴村治社名师“一带一”“一带多”，落实帮党建、帮谋划、帮产业、帮治理、帮风貌、帮发展“六帮”举措；以老带新，退职老干部带新干部，面对面谈，手把手教，点对点传；抱团发展，组建兴村治社共同体，实行支部联建、产业联合、治理联动、资源联享，实现共同发展、共同富裕。

“早上好”式党组织书记要始终保持“事不过夜、凡事赶早；事不避难、积极向上；事事领先、处处争好”的精神状态，不断增强奋力赶超的拼劲、敢为人先的闯劲、勇立潮头的韧劲，带领党员干部群众人人当标兵、事事争先进，展现新时代党组织书记新担当新作为。主要落实“六带头六严禁”标准：

六带头：一是带头讲政治。深入学习贯彻习近平新时代中国特色社会主义思想，坚定拥护“两个确立”，坚决做到“两个维护”，贯彻执行上级各项决策部署态度坚决。二是带头强班子。坚决担起抓班子带队伍的责任，发挥示范带头作用，两委班子成员违纪违法现象“零发生”。三是带头访民情。让早起成为一种习惯，常态化巡访村庄，全覆盖走访农户，及时帮助解决难点问题，办成办好群众急难愁盼的民生实事。四是带头抓共富。因地制宜谋划村庄产业发展项目，开展党建联建，组建“共富工坊”，实现村集体经济经营性收入、农民可支配收入不低于当年度县级平均水平。五是带头促稳定。深化党建统领网格智治，带领两委班子成员有效化解矛盾纠纷，实现零越级访、零集体访。六是带头保安全。做好事故隐患及时排查整治，做到安全事故零发生，意外事故“不死人、少伤人”。

六严禁：严禁违规承揽工程项目；严禁违规参与酒局牌局；严禁酒驾醉驾；严禁违规发展党员；严禁优亲厚友；严禁违反党章党规党纪。

三、做法成效

2020 年以来，常山县立足书记、主任“一肩挑”的新形势新要求，打造“早上好”式党组织书记培育体系，通过打好“选、育、管、用、爱”组合拳，从严从实抓好村社干部队伍建设，带动全县乡村振兴头雁队伍建设，以“早上好”推动头雁好、促进村社好，一以贯之抓村社头雁队伍建设，培育“早上好”式党组织书记，实现“头雁引领、群雁高飞、百村共富”的生动蝶变。

（一）聚焦结构优，回请在外人才，注入新鲜血液

积极响应省委“两进两回”行动号召，把村社组织换届作为建强乡村振兴领头雁队伍的重要契机，创新实施“领导带头跑、党群举荐找、能人推选请、常雁十条引、典型宣传助、压担历练育”“请贤六招”，大力回请在外人才回村干事创业。县级层面出台《激励关爱“常雁”回村任职十条意见》，从待遇保障、培养模式、生活保障等方面给出真金白银，在全县上下营造出“领导干部一起上、县内县外一起引”的浓厚氛围。2020 年村社换届，全县回请在外优秀人才 87 人回村参选“一肩挑”、327 人回村参选村两委，头雁队伍的年龄结构、学历层次、精神风貌得到大幅调整和提升。常山县通过大

力弘扬践行“天天早起、事事争先、人人追梦、年年攀升”的“早上好”奋斗精神，带动头雁队伍以“早的状态、上的劲头、好的追求”治村兴村。近年来，全县先后有16人获省市担当作为好支书，新昌乡黄塘、达塘、郭塘“三塘”书记先后被评为省级兴村（治社）名师。衢州市委组织部出台《“早上好”式党组织书记培育意见》，“早上好”式党组织书记上升为全市村社领头雁队伍培养范式，相关经验被《中国组织人事报》刊发，获《农村工作通讯》点赞。

（二）聚焦适应快，强化导师帮带，引导治村干事

面对在外优秀人才回村经验不足、情况不熟、无从下手等困境，常山县全面推行导师帮带制，通过“一对一”师徒帮带、“一对多”跨村帮带、“多对多”组团帮带，以老带新、以强带弱帮助“新手”“小白”学做群众工作、逐步锻炼成长。辉埠镇石峒岭村“一肩挑”苏成采用导师陈金明的创新“四法”，即布置作业法、实战教学法、放手实践法、交流提高法，跟随导师多次走访群众、记录问题、形成清单，边看边学土地征迁、信访纠纷化解等工作，上任仅3月，就为村里修了3条路，受到一致好评。新昌乡黄塘村、达塘村、郭塘村“607080书记”抱团帮带，实行“党建统领＋资源共享＋产业对接＋协同发展”模式，郭塘村村集体经济收入从0增至100多万元，还将闲散土地整合开发月季产业园，为群众增收200多万元。把增强头雁队伍服务群众意识作为提能赋能的重要内容，推动基层创新民情日记、民情茶馆、微事快办、村情报告会等服务群众机制，开展五星级党群服务中心创建，打造为民服务矩阵。辉埠镇路里坑村党支部书记刘志亮组织召开村情报告会，开展“村情八述”，有效撬动村庄发展活力，废弃矿区村成为网红打卡地。白石镇草坪村党支部书记林芳良与村民在民情茶馆聊出打通跨省公交设想，2023年9月常山县和江西省玉山县公交线路正式开通。

（三）聚焦本领强，搭建头雁擂台，激励互比互赛

单雁高飞，更要群雁齐飞。常山县抓牢“关键少数”，充分发挥“早上好”支部书记研学基地支点作用，县级层面分类分批定期开展头雁轮训，量

身定制培训套餐，重点围绕党建统领、基层治理、乡村振兴等中心工作，讲好“为什么”“干什么”“怎么干”等问题。成立全市首个基层党支部书记学院，开设“百年百班”系列培训，分层分类开展生态山区型、文旅融合型等专题培训，帮助村党支部书记提升治村本领。分主题分批次开展“头雁竞飞·聚力为U”擂台赛，通过头雁亮剑、点评排名、揭榜认领、问题交办等形式，总结分享经验，研究破题措施，通过以赛促用、互学互鉴，催动领头雁紧起来、动起来、跑起来，系统提升抓党建、促发展、强治理的能力。坚持“实干者实惠、吃苦者吃香”。2019 年，全县比选 10 名优秀的村社党组织书记兼任乡镇（街道）党（工）委委员，业绩突出者转任公务员走上乡镇领导岗位，极大激发头雁队伍的干事上进心和获得感，真正实现让优秀领头雁干有奔头、干有盼头。通过深入实施村社组织凝聚力提升工程，开展“金钉子”基层党组织“争星晋级”考评，选树 10 个 5A“金钉子”党组织，23 个村社获得首批省市红色根脉强基示范村社。对列为后进村的 10 个村社党组织，落实“四个一”机制完成整转提升，有效实现软弱涣散党组织清零。白石镇草坪村获评第九批全国民主法治村，紫港街道渣濑湾村获评全国先进基层群众性自治组织，新昌乡达塘村获评全国第三批乡村治理示范村，呈现出“一团火”向“满天星”的生动蝶变。

（四）聚焦状态好，注重精神引领，提振气质风貌

以逢人就说“早上好”的达塘村党支部书记陈重良带领村庄华丽蝶变的故事为样本，总结提炼出“天天早起、事事争先、人人追梦、年年攀升”的“早上好”奋斗精神，即“早”是一种状态，村庄发展要起早、赶早、争早；“上”是一种劲头，就是要勇赶超、争上游、创标杆；“好”是一种追求，做到事事好、人人好、村村好。把“早上好”作为领头雁必备的精神气质来抓，在全县弘扬践行“早上好”奋斗精神，开创强支部、优治理、兴产业的生动实践。在新昌乡达塘村建成融教学、体验、实训于一体的“早上好”支部书记研学基地，举办常山县“早上好”兴村治社讲师大赛，评选出首批“早上好”兴村治社讲师 10 名，深入机关单位、乡镇基层、田间地头，用“土教材、身边事”讲活“新蝶变、硬道理”。现如今“早上好”精神气质已经成为常山县广大党员干部的共同追求。陈重良推行“家文化”治村模式，

全村就是一个“大家庭”，你家有事就是大家有事，你家有困难大家都会来帮忙，哪家有矛盾大家来化解，真正做到了村务大家议、村事大家办、村风大家树、村福大家享。青石镇和尚弄村党支部书记蔡永军坚持和气、和善、和顺“三和”文化治理村庄，让村民自己面对面解决问题，事后纠纷不反弹，30 年未发生越级上访。全县上下形成了良好的乡风民风，有效助推治村兴村。

（五）聚焦能带富，加强党建联建，推动资源聚合

以生态山水资源为基础，以项目建设为考场，通过深化党建联建机制，以强带弱、资源互补、抱团发展，全面提升头雁谋产业、抓项目、促共富的能力。2022 年，新昌乡 10 村抱团开展“早上好”党建联建，联建村共同绘制产业布局规划图，打造以达塘村的茭白、黄塘村的油茶、郭塘村的月季、西源村的番薯干等为代表的“一村一业”产业带，同时联合浙能集团等单位，成立常山县（富好）生态资源开发有限公司，建立千亩丝瓜络共富产业园，对丝瓜进行深加工，利润增长 15 倍，为联建各村的低收入农户提供公益性岗位 280 余个，平均每户年增收 3 000 余元。常山县全域推广“早上好”抱团模式，打造党建联建项目 24 个，建设“共富工坊”65 家，做大做强特色产业，助力村集体经济提质增效。如何家乡依托“四片绿叶”党建联建，推动青大豆、茶叶、食用竹、辣椒总产值近 1.98 亿元，带动 3 500 余户村民平均增收万元。头雁队伍就是村庄 CEO。常山县坚持以经济思维、项目理念抓党建，提升头雁塑造变革、引领共富的能力，把党建引领力转化为发展生产力。金川街道徐村村党支部书记叶继强塑造“追梦党支部”党建品牌，锚定“一个节点亮一个村”主题主线，接续举办“紫薇花泼水节”“UU 音乐节”等 20 余场节庆活动，走出一条“以节促旅、以旅富农”的共富路，经验做法入选首批全国农村集体经济发展村级典型案例。何家乡江源村党支部书记江峰，打造“富贵竹”共富工坊，推动全村 90%以上的村民种植食用竹，2022 年食用竹种植面积达 3 000 余亩，年产值 4 000 余万元，带动村民人均增收 1.5 万元。2022 年，全县村集体经济经营性收入 50 万元以上的行政村占比 41.1%。

四、经验启示

（一）党建统领是根本保障

全面推进乡村振兴战略，组织振兴是根本和保障，必须坚持党建统领，加强乡村党组织建设，增强乡村凝聚力、创造力和战斗力，加快推动乡村全面振兴。强化政治功能常山县抓党建统领促乡村振兴，通过培育“早上好”式党组织书记，充分发挥农村基层党组织战斗堡垒作用和村党组织书记带头作用，不断增强村级党组织政治力、组织力、战斗力。

（二）引才育才是首要前提

群众富不富，就看村干部；乡村强不强，全凭领头雁。乡村要发展，人才是第一要素，特别要做好年轻人才的回引。达塘村实现从落后村到明星村的蝶变，依托于常山县乡两级党委、政府把头雁队伍培养作为重中之重，拓宽选人视野，主动回请乡贤。通过吸引在外能人、大学生、退役军人、务工经商人员返乡创业，不断壮大储备乡村头雁队伍的后备力量。

（三）激发内生动力是关键

加强村干部队伍建设，最关键的是激活内动力，从工作、生活等各个环节激发村干部想干事的激情，真正使那些想干事、干成事的村干部在社会上有地位、经济上有实惠、政治上有荣誉，变“被动干”为“主动干”，变“要我干”为“我要干”。常山县通过成立“早上好”兴村治社讲师团，用土教材讲活经验，用亲身事讲实道理，让“治村经”传得更远、遍地开花。常态化推行“常雁竞飞”擂台赛，互相激励、竞相比拼，形成“先进帮带后进、你追我赶共同提高”的良性竞争环境，全面激活头雁队伍内生动力，有效激发组织活力，成为乡村华丽转身的关键因素。

（四）抱团发展是有效举措

持续放大品牌效应，激发共富活力，必须寻求好模式、好载体来链接，党建联盟无疑就是通往共富的“桥”和“船”。常山县不断丰富“早上好”兴村品牌内涵，提振头雁队伍“早上好”的精气神，形成人人争当“早上好”式党组织书记的浓厚氛围，推动“早上好”从一村之景变成全域风景。达塘村站位全局，坚持以组织变革撬动抱团变革，通过组建片区联盟、全域联盟，推动全乡构建“区域统筹、资源整合、优势互补、共建共享”共富新模式。通过推广“早上好”党建联建抱团发展模式，发挥乡镇党委统领作用，加强整体规划布局，规范议事机制，强化运行监督，以强带弱、优势互补、抱团发展，有效提升了乡村产业组织化程度和竞争实力，形成了先富带后富、抱团共同富裕的有效路径。

五、未来展望

“早上好”式党组织书记培育对锻造基层干部队伍、加强基层组织建设、推动农村基层工作发挥了积极作用。

一是要坚持不懈打造过硬队伍。单雁高飞，更要群雁齐飞。抓牢“关键少数”，形成“头雁效应”，全面提升“早上好”式党组织书记治村能力和水平。①建强“导师帮带”党建联盟。用好用足省市县三级兴村（治社）名师资源，县级层面加快完善“导师帮带”兵团作战、互学互比、重点培训机制，构建组织全覆盖、管理精细化、服务全方位的区域化党建联盟管理体系，提高联盟内领头雁的治村能力，以联盟促组织振兴带动乡村全面振兴。实行双向考评，对导师实绩表现、作风情况以及被结对村落实配合情况等做出综合评价，适时选拔优秀导师进入乡镇（街道）领导班子。②抓好队伍素能提升。充分发挥“早上好”支部书记研学基地支点作用，县级层面分类分批定期开展头雁轮训，量身定制培训套餐，重点围绕党建统领、基层治理、乡村振兴等中心工作，讲好为什么、干什么、怎么干等问题。进一步压实乡镇（街道）党（工）委抓领头雁队伍建设的主体责任，列入乡镇（街道）党（工）委书记党建项目必选题，乡镇（街道）每季度开展村社党组织书记抓基层党建“能学会用、能谋会创、能说会干、能抓会管”“四能过堂会”，排出季度绩效“两头名单”，表彰先进、激励后进。③开展实干擂台比拼。聚焦县委“八大行动”、村庄发展五年规划实施和村级项目攻坚等重点任务，定期设置不同主题开展领头雁“拉练比拼”擂台赛，通过头雁亮剑、点评排名、揭榜认领、问题交办等形式，总结分享经验，研究破题措施，通过以赛促用、互学互鉴，催动领头雁紧起来、动起来、跑起来，系统提升抓党建、促发展、强治理的能力。

二是要持之以恒深化品牌效应。品牌主导性不强、区域协同性不高、产业集聚性不够是制约常山乡村发展能级的重要因素。坚持示范带动、区域联动、协同发展，大力探索“先富帮后富、区域共同富”的乡村振兴新路子。①打造共富先行标杆。持续做大做强“早上好”兴村品牌，以村股份经济合作社为基础成立茭白、高粱等专业种植小组，将农产品优先提供给村民宿、农家乐等旅游产业，实现自给自足，不断拓宽“绿水青山就是金山银山”转化通道，实行一二三产业融合发展模式，建立健全产业规划、产业联动、产业升级全链条机制，提升达塘村民宿产业、茭白产业、研学产业一体化水平。运用“早上好”兴村品牌提升产业的融合度、产品的附加值和村庄的知名度，依托“早上好”支部书记研学基地，打造一批“早上好”致富产业，培育一批“早上好”致富能手，推出一批“早上好”致富课程，力争把达塘村打造成具有特色品牌的共同富裕先行示范标杆村。②推动跨区协同发展。以达塘村为核心，辐射周边及县外组建区域产业联盟。对内，“强强联合、以强带弱”与周边村开展结对帮扶。例如，与周边黄塘村、郭塘村打造全域旅游综合体，与青石镇网红街联合打通产业线上销售渠道，与白石镇红辣椒农产品合力推出“茭白酱”产品，统筹推进平台共建、资源共享、产业共兴、品牌共塑；对外，强化典型宣传，推动“早上好”兴村模式、精神内涵、品牌意识“走出去”，与傅家路村、何斯路村等先进村建立产业联盟，借助山海协作、“产业飞地”等平台，不断提升本村产业的发展能级、创造张力。③形成品牌集聚效应。在全县面上择优选取10个支部班子过硬、经济基础较好、发展潜力较强的优秀村，着力打造成“早上好”标杆示范村，围绕实现乡村振兴和共同富裕这一最终目标进行先行探索，围绕打造乡村版未来社区这一要求进行数字赋能，推出特色农业致富、全域旅游致富、直播带货致富、研学培训致富、数字赋能致富等多元化“早上好”兴村模式，以点带面、串珠成线打造“早上好”兴村品牌示范带。

三是要久久为功做实管理机制。要结合数字化改革要求，建设基于慢城通或浙政钉的“领头雁”管理平台，构建“一网一图一平台”的管理机制。①构建动态监测。依托数字化平台，结合村庄管理平安指数、服务群众民生指数、集体经济发展指数等，综合开发一套“早上好”式党组织书记素质提升动态监测网，做到综合集成、一网呈现聚焦专业抓测评，设计一套涵盖农村、社区的“基层党支部书记能力结构模型”，并制定“基层党支部书记能力测评指数”。②编织管理效能一张图。完善绩效考核机制，构建“领头雁”队伍“多维考核”制度，制定年度目标承诺制考核，年终由乡镇（街道）班子、驻村团长、驻村干部、村两委干部对“早上好”式党组织书记进行立体评价，确定考核定级。。设置 3A、4A、5A 等级评价标准，开展“一月一督查、一季一考评、一年一调整”，按照党建统领全域一体、示范引领全盘推进、服务提质保障升级等要求，对“三联工程”、乡村振兴讲堂和村集体经济增收等进行考评量化赋分、评星定级。③编纂高频事项一平台。按照“放得下、接得住、频率高”的原则，梳理村庄管理的高频事项，每一事项建立相应的工作流程、事项清单实行动态管理，在村（社区）便民服务中心进行公开，做到流程化、科学化管理。围绕推动“三联工程”迭代升级，在达塘村进行先行先试，聚焦解决群众急难愁盼问题，深化党员联户“至少办一件”“微事快办”“村情汇报会”等经验做法，在条块联动、高效协同上，探索实施“吹哨报到”工作机制，打通群众“吹哨”、平台“接哨”、部门“办哨”、考核“督哨”等关键环节，形成群众问题及时发现、快速解决、时时监督的闭环机制，切实减轻基层党组织书记管理负担。

后 记

为了深入贯彻党的二十大精神，推动各领域改革创新实践，我们精心编写了这本《县域高质量发展的常山改革创新实践》教材。本教材旨在通过常山县改革创新具体案例，展示党在领导人民进行全面深化改革的伟大成就和宝贵经验。我们广泛收集了来自不同领域的改革创新案例，力求做到内容全面、形式多样、深入浅出。同时，我们也注重理论的提炼和升华，力求将实践经验与理论思考相结合，为读者提供一个全面、深入的学习平台。

回顾编写过程，我们深感责任重大。在编写过程中，我们遇到了许多挑战和困难，但正是这些挑战和困难，让我们更加深刻地认识到改革创新的重要性和紧迫性。我们坚信，只有通过不断改革创新，才能推动党和国家事业不断向前发展。

展望未来，我们将继续关注改革创新实践的发展动态，不断更新和完善教材内容，为广大读者提供更加丰富、实用的学习资源。同时，我们也希望本教材能够成为推动改革创新实践的重要力量，为党和国家事业发展贡献我们的智慧和力量。

最后，我们要感谢衢州学院为本教材编写工作给予的大力支持，以及付出辛勤努力的同志们和朋友们。参加本书调研、编写和修改工作的主要人员有：占雨、甘亚军、沈小龙、黎江波、王婕玲、吴淑逸、张铨金、方诗慧、朱闻惠、陈东清、周志英、任华奇、叶文、王晓敏、徐佳、罗丽君、方欣泳、林艳琴。正是他们的辛勤付出和无私奉献，才使得本教材得以顺利完成。同时，我们也要感谢广大读者对本教材的关注和支持，我们将继续努力，为读者提供更加优质的学习资源和服务。

对于书中的疏漏和不当之处，敬请广大读者批评指正。